日本語文法

読めば なっとく

児童言語研究会◆編

子どもの未来社

目次

contents

日本語の文法を学ぶにあたって…6
「文の学習」内容の案内…10

Ⅰ部　文の学習

Ⅰ　文 ……12

Ⅱ　単位文とその種類 ……16

1．単位文 ……16

2．単位文の種類 ……17

（1）ドウスル文 ……17
（2）ドンナダ文 ……19
（3）ナンダ文 ……20

Ⅲ　単文 ……20

1．述部のいろいろ ……20

（1）肯定・否定 ……20
（2）とき
　　（テンス～過去、現在、未来）……22
（3）アスペクト
　　（はじめ・なか・おわり）……22
（4）ていねい ……25
（5）疑問 ……26
（6）命令 ……27
（7）希望 ……28
（8）義務 ……28
（9）意志 ……29

（10）推量・想像 ……29
（11）伝聞 ……31
（12）ためし ……32
（13）やりもらい ……32
（14）使役 ……33
（15）受身 ……34
（16）可能・自発 ……35
（17）尊敬 ……36

2．修飾 ……37

（1）連体修飾 ……38
（2）連用修飾 ……40

3．強調 ……44

（1）語順変化による強調 ……44
（2）副助詞による強調 ……46
（3）ことばの調子（プロミネンス）
　　による強調 ……47

4．省略 ……47

5．つけ加え ……48

6．主題化 ……49

Ⅳ　重文 ……51

1．並列の重文 ……51

2．条件・帰結の重文 ……51

Ⅴ　複文 ……54

1．連体修飾の複文 ……54

2．連用修飾の複文 ……………55
　　3．その他の複文 …………………55
Ⅵ　文の分析 ……………………57
　　1．単位文（単文）………………58
　　2．連体修飾（ドンナ）の文……59
　　3．連用修飾（ドンナニ）の文…60
　　4．省略の文 ………………………61
　　5．強調の文 ………………………61
　　6．主題化の文 ……………………62
　　7．副助詞をもつ文 ………………63
　　8．重文 ……………………………64
　　9．複文 ……………………………65
　　10．重複文 …………………………66
　　11．総主文 …………………………67
　　12．はさみこみ文 …………………68
　　13．単位文の外にある成分 ……68

Ⅱ部　語の学習

Ⅰ　単語 ……………………………72
Ⅱ　品詞分類表 ……………………74
Ⅲ　品詞各論 ………………………76
　　1．名詞 ……………………………76
　　2．形式名詞 ………………………77
　　3．代名詞 …………………………78
　　4．動詞 ……………………………79
　　（1）動詞の分類 …………………79
　　（2）動詞の活用 …………………80
　　（3）活用形 ………………………80
　　（4）語幹と語尾 …………………81
　　（5）活用の種類と活用表 ………82
　　（6）音便 …………………………83
　　（7）可能動詞 ……………………83
　　（8）自動詞と他動詞 ……………84
　　5．形容詞（イ形容詞）……………84
　　6．形容動詞（ナ形容詞）…………86
　　7．補助動詞 ………………………87
　　（1）状態を表すもの ……………88
　　（2）受益関係を表すもの ………88
　　（3）試みを表すもの ……………88
　　（4）断定を表すもの ……………89
　　（5）尊敬・謙譲を表すもの …89
　　8．副詞 ……………………………89
　　9．連体詞 …………………………90
　　10．感動詞 …………………………91
　　11．接続詞 …………………………92

12. 助動詞 ……………………94

（1）れる・られる
　　　（受身・可能・自発・尊敬）………94

（2）せる・させる（使役）………95

（3）だ・です（断定）……………95

（4）ない・ぬ（打消し）…………95

（5）た（過去）……………………96

（6）らしい（推定）………………96

（7）う・よう・だろう
　　　（推量・意志）………………96

（8）まい（打消しの推量）………97

（9）そうだ（伝聞と様態）………97

（10）ようだ
　　　（たとえ、不確かな断定）………97

（11）たい（希望）………………97

（12）ます（ていねい）……………98

13. 助詞 ……………………100

（1）格助詞 ………………100

（2）副助詞 ………………103

（3）接続助詞 ……………104

（4）終助詞 ………………106

Ⅳ　複合語 ……………107

Ⅴ　コソアドことば ……109

Ⅵ　品詞の転成 ……110

本書を活用される方へ………………112

児言研文法用語解説 …………………117

索引（50音順）………………………125

日本語の文法を学ぶにあたって

　外国人が話しているときに、次のような日本語を聞いたらどう思いますか？

　　（ア）　外は、暗いなりました。

　　（イ）　あなたは、やさしいの人です。

　　（ウ）　雨がふるば、かさでさします。

おそらく、みなさんは聞いた瞬間に、これらの文のまちがいに気がつくでしょう。そして、これらの文は、それぞれ、

　　（ア）　外は、暗くなりました。

　　（イ）　あなたは、やさしい人です。

　　（ウ）　雨がふれば、かさをさします。

でなければならないことが分かるでしょう。なぜ、このようにことばのまちがいが分かるのでしょう。

　みなさんは、幼い時から父母や周りの人が話す日本語を聞いて、それをまねながら、日本語を身につけてきたからなのです。「暗い」ということば（様子を表す形容詞）の形が「〜なりました」がつく時に変化して「暗く」になることや、「降る」ということば（動きを表す動詞）に「ば」がつく時は「降れ」に変わることを自然に学んできているのです。小学校に入学する頃には、自然に、日常生活の中で使われる日本語の知識を身につけ、およそのことを話したり、聞いて理解したりすることができるようになります。さらに文字を習い、文章の読み書きを学んで、今では、かなり長い物語や、説明文を読みとったり、自分の意見を話したり、書いたりすることができるようになっています。身につけた日本語は、みなさんの感じる力、考える力になっているのです。

いまさら、日本語の勉強の必要を感じないと思うでしょうが、実は、日本語を身につけた人にも日本語文法の勉強が必要なのです。それは、しっかりと考える力を付けるためなのです。「なにが、どう（ドウスル・ドンナダ・ナンダ）」を意識し、何についてどう考えたのか、どう感じたのかをしっかり意識することが、思考力をはたらかせる時の基本だからです。文は、判断を表す基本的な単位です。

　今のあなたたちが、「人と交わる力が弱くなっている」ということについて問われた大人が書いた文章の最初の部分です。

　「少子化により、兄弟げんかの経験のない子が増え、ゲームなどひとり遊びの機会が多くなったことなどにより、子どもたちが他と密に関わる体験が少なくなっていると思う」

　何となく分かりますが、すっきりしていません。多くのことが１つの文の中に入っているからです。少し整理してみましょう。

①　少子化により、兄弟げんかの経験のない子が増えた。「少子化」が原因です。「兄弟げんかの経験のない子が増えた」が、その結果言えることです。
②　ゲームなどひとり遊びの機会が多くなった。「少子化」が原因でひとり遊びの機会が増えたと考えられます。ゲームが理由になっているとも考えられます。「など」ですから、他の理由も考えられます。
③　子どもたちが他と密に関わる体験が少なくなっている。①②を理由とした結論です。

　整理しながら文章を書いたり、読んだりする力は、文法の学習で身につきます。

みなさんご存じの『ごんぎつね』の終わりの部分で考えてみましょう。

兵十は、物置でなわをなっていました。それで、ごんは、うちのうら口から、こっそり中へ入りました。

（うら口から、ごんがこっそり中へ入った理由の書き方です）

その時、兵十は、ふと顔を上げました。と、きつねがうちのなかへ入ったではありませんか。こないだ、うなぎをぬすみやがった　あのごんぎつねめが、またいたずらをしに来たな。

（兵十にとっての迷惑さが強く分かります）

「ようし。」

兵十は立ち上がって、なやにかけてある火なわじゅうを取って、火薬をつめました。そして、足音をしのばせて　近よって、今戸口を出ようとするごんをドンとうちました。ごんは、ぱたりとたおれました。

（兵十の動作がたくさん書かれ、緊張感が高まります）

兵十はかけよってきました。うちの中を見ると、土間にくりがかためて置いてあるのが、目につきました。

（「かけよりました」だと兵十のしたことを彼自身の視点から述べることになりますが、「かけよってきました」だと、ごんの視点からの表現に変わります）

「おや。」

と、兵十は、びっくりして、ごんに目を落としました。

「ごん　おまいだったのか。いつも、くりをくれたのは。」

（倒置法でおまいだったのかを強めています）

ごんは、ぐったりと目をつぶったまま、うなずきました。

こうしてみると、はらはらドキドキのわけが、文章表現（日本語のきまり）にあったことが分かります。読みの基本に、文法の知識がはたらいているのです。

8

みなさんには、すでに長い日本語の経験と鋭い感覚があります。しかし、それだけに頼っていては、みなさんの日本語の力は、なかなか発達しません。日本語の経験と鋭い感覚に、いっそうみがきをかけ、日本語の優れた使い手になるためには、日本語の文法知識を学ぶことがぜひとも必要です。日本語の文法を自覚することが大切なのです。

　もちろん、文法テキストの内容を暗記するだけではいけません。テキストから得た知識を応用して、読んだり、聞いたりする日本語を、どんどん研究し、考えてみることが大切です。こういう態度をもつならば、先生方の話、ドラマの中の人物の会話、落語のことば、本や新聞記事など、すべてがみなさんの文法学習の楽しい教材になるにちがいありません。

☆ 「文の学習」内容の案内

「太陽が海を照らす」という文が表していることは次のように表現できます。

①太陽が海を照らしている。＝アスペクト（現在進行）（p.22）

②真っ赤な太陽が海を照らす。＝連体修飾（p.38）

③太陽が海をきらきらと照らす。＝連用修飾（p.40）

④太陽だけが海を照らす。＝強調（p.46）

⑤ああ、太陽が海を照らす。＝付加（感動詞）（p.91）

⑥太陽が照らす。＝省略（p.47）

⑦海は太陽が照らす。＝主題化（p.49）

⑧太陽が海と山とを照らす。＝並列（p.102）

⑨太陽が海を照らし、正がどうくつの中を照らす。＝並列の重文（p.51）

⑩太陽が海を照らすので、海面がきらきら光る。＝条件・帰結の重文（p.51）

⑪太陽が大型客船が進む海を照らす。＝連体修飾の複文（p.54,65）

⑫太陽が海を母親が優しい手で包むように照らす。

　　＝連用修飾の複文（p.55,65）

⑬太陽は、照らす力が強い。＝主題化（総主文）（p.67）

似たようなことが、いろいろに表現できます。文法を学ぶのが、楽しみになりますね。

I部
文の学習

I 文

　私たちは、自分の考え（判断）を伝えたり、相手の考え（判断）を聞いたり、いろいろなもの・ことについて、考えをまとめたりするのに、いつも文を使っています。話しことばや書きことばの文章は、みないくつかの文から成っています。

　文は書きことばでは、終わりに「。」（句点）をつけます。話しことばでは、文の終わりに休みをおきます。

註 「句点」（。）〜「読点」（、）

(練習) 次の文章は、いくつの文からできているでしょう。文の終わりに句点をつけ、休みをおいて読んでみましょう。

　5月ごろになると　つばめのすの中にはひながかえります　1つのすに　5、6羽です　かえったばかりの　ひなには　羽毛が　少しも　はえていません　ですから親鳥に　あたためてもらっています　1週間ぐらいは　目もあいていません
　しかし　えさのもらいかたは　とてもじょうずです。

註 「文」と「文章」とを使い分けましょう。

自分の作文や話しことばについても、文の数や、句点、「休み」などに気をつけましょう。

Ⅰ部　文の学習

【文の骨組み】

　文は、普通、主部（判断の対象）と述部（判断の内容）が結びついてできています。

「何（だれ）が（主部）、どうする（述部）」

「何（だれ）が（主部）、どんなだ（述部）」

「何（だれ）が（主部）、何だ（述部）」

　「主部－述部」が**文の骨組み**です。

主部と述部が１回結びついた文を**単位文**といいます。

　主部の中から「ナニガ」を示す部分を一文節で取り出したものが、「主語」で、主部の中から主語を修飾している「庭の」を除いたものです。

主部　ナニガ	述部　ドウ（ドウスル）
庭の梅が	たくさん実をつけた。
主語	述語

　「述語」は述部の中から「ドウ」を示す部分を一文節で取り出したもので、「つけた」がそれにあたります。

【文の種類】

　文は述語となることばのはたらきによって、３つの種類に分けることができます。

　　（ア）　おじさんが　働く。　　　　　　　　　　　　（ドウスル文）

　　（イ）　おじさんは　やさしい。おじさんは　元気だ。　（ドンナダ文）

　　（ウ）　おじさんは　パイロットだ。　　　　　　　　（ナンダ文）

【文の文法構造と文分析】

　文の文法構造を明らかにするうえで、文分析が役に立ちます。文分析図によって文節がそれぞれどんなはたらきをしているか、どのように文節が結びついているかを明示することができます。文分析の手順のあらましです。（詳細はp.57を参照）

① 主部と述部に分けます。（一次分析）

（エ）　鳥が鳴く。

```
ナニガ　　ドウ
鳥が　　　鳴く。
```

※いろいろな主部がありますが、「ナニガ」で代表させます。

（オ）　かきがあまい。

```
ナニガ　　ドウ
かきが　　あまい。
```

（カ）　私は中学生です。

```
ナニガ　　ドウ
私は　　　中学生です。
```

② 述部の中を目的語と述語に分けます。（二次分析）

（キ）　五郎はボールをける。

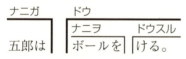

③ 述部の中を補語と述語に分けます。（二次分析）

（ク）　はるみは都会に住む。

```
ナニガ　　ドウ
　　　　　ナニニ　　ドウスル
はるみは　都会に　　住む。
```

(ケ) 山田君は歴史にくわしい。

(コ) ぼくは提案に賛成だ。

④ 修飾と被修飾とに分けます。(三次分析)

(サ) 小さなミツバチがアブラナの花粉をせっせと集める。

ナニガ		ドウ			
		ナニヲ		ドウスル	
ドンナ	ナニガ	ドンナ	ナニヲ	ドンナニ	ドウスル
小さな	ミツバチが	アブラナの	花粉を	せっせと	集める。

Ⅱ 単位文とその種類

1．単位文

単位文は主部と述部が1回結びついてできた文です。この単位文をもとにしていろいろな文が作られます。

単位文の中の成分とその語順は次のとおりです。

① 述部は文末にくる。
② 述部の中では目的語・補語、述語の順である。
③ 修飾成分は修飾される成分の前にくる。

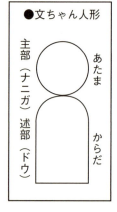

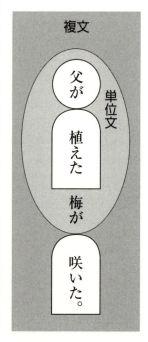

Ⅰ部　文の学習

２．単位文の種類
（１）ドウスル文
　「降る」「いたむ」「そびえる」「ある」など、動作・作用・状態・存在などを表す単語を**動詞**といいます。動詞には**自動詞**と**他動詞**があります。述語が動詞である文を**ドウスル文**といいます。

①　述語が動詞（自動詞）の文
　「雨が降る」のように、その動詞の動作・作用が他のもの・ことに及ばず、自分だけで止まる内容を表す動詞を**自動詞**といいます。

　　○鳥が飛ぶ。　　　　　　○氷が溶ける。
　　○花が咲く。　　　　　　○きずがいたむ。
　　○山がそびえる。　　　　○池がある。

　このように「どうする文」の主語は「〜が」という形です。

②　述語が動詞（他動詞）で、「〜を」（目的語）のことばをもつ文
　「太郎がボールを投げる」のように、その動詞の動作、作用が他のもの・ことに及ぶ内容を表す動詞を**他動詞**といいます。

　　（ア）兄が投げる。
　　（イ）兄がボールを投げる。

　（ア）の文は、兄の投げる物（対象）が示されていないので、判断（文）として不完全です。「投げる」に対しては、（イ）の文のように「〜を」ということばが必要です。

　　○母がダイコンをきざむ。　　○父が新聞を読む。
　　○姉が妹をしかる。　　　　　○弟がくつをはく。
　　○風が音をたてる。

　このように、述語になる動詞によっては、「〜を」を必要とする文があります。この「〜を」ということばを**目的語**といいます。目的語「〜を」は、普通、動作の対象となる人・ものごとなどを示します。

17

ただし、「街道を行く」「町を通る」の「行く」「通る」は自動詞です。この場合の「〜を」は、動作の対象ではなく、通行する場所です。

③　「〜に」「〜と」「〜へ」「〜から」「〜より」などの補語をもつ文
　（ア）氷が水になる。（結果）
　（イ）太郎が次郎に（より）まさる。（比較の相手）
　（ウ）子が父に（と）似る。（比較の相手）
　（エ）太郎が次郎と衝突する。（動作の相手）
　（オ）太郎が「ただいま」と言う。（考え・ことばの内容）
　（カ）太郎が山へ（に）行く。（行く先）
　（キ）船が岸からはなれる。（出発点）
　このように、述語になる動詞によっては、「〜に・へ・と・から・より」を必要とする文があります。この「〜に・へ・と・から・より」がついていることばを**補語**といいます。補語は文の意味が完備するために必要です。

④　目的語と補語をもつ文
　　○父が本を（目的語）子に（補語）ゆずる。
　　○母がミカンを2つに分ける。
　　○兄が父と速さを競う。
　　○生徒たちが砂を川原から 学校に運ぶ。

I部　文の学習

　このように、述語になる動詞によっては目的語と補語をもつ文があります。

（2）ドンナダ文

　述語が形容詞・形容動詞の文を**ドンナダ文**といいます。

① 　述語が形容詞・形容動詞の文

　　　○海が<u>青い</u>。　　　　○風が<u>冷たい</u>。

　　　○雪は<u>白い</u>。　　　　○クジャクの羽は<u>美しい</u>。

　　　○山が<u>きれいだ</u>。　　○努力が<u>大切だ</u>。

　　　○車は<u>便利だ</u>。　　　○自然は<u>雄大だ</u>。

　「どんなだ文」の①述語には、「〜い」「〜だ」の二種類のことばが用いられます。また、主語の助詞には、「が」「は」の２つが使われます。「が」は、一時的な現象や状態を表す場合に、「は」は、一般的な性質や状態を表す場合に用いられます。

【形容詞（イ形容詞）】「広い」「青い」「冷たい」「親しい」のように、「〜い」とういう単語を形容詞といいます。もの・ことの状態・性質・感覚・感情などを表す単語です。終止形が「〜い」「〜しい」という形になります。

【形容動詞（ナ形容詞）】「<u>静かだ</u>」「<u>健やかな</u>体」のように、形容詞と同じはたらきをする単語を形容動詞といいます。終止形が、「〜だ」「〜です」という形になります。他の語に続くとき「〜な」（ナ）となります。

② 　補語のつくドンナダ文

　　　○学校は<u>駅に</u>（から）近い。　○Aは<u>Bに</u>（と）等しい。

　　　○A君は<u>B君と</u>親しい。　　　○山田君は<u>地理に</u>（が）くわしい。

　このように、「ドンナダ文」にも、補語をもつ文があります。

註　形容動詞の見分け方のポイント

　形容動詞「平和だ」と「病気だ」（名詞＋だ）と区別するには、「連体形」（ナ）にして意味が通じるかどうかで判断します。

　　○「<u>平和な</u>時代」（形容動詞の連体形）とはいいますが、

　　　「病気な人」とはいいません。

19

（3）ナンダ文

述語が名詞の文を**ナンダ文**といいます。

〇ぼくは<u>学生</u>だ。　　〇鉄は<u>金属</u>だ。　　〇私は<u>山田太郎</u>です。

単位文の語順

単位文の要素は、「主語　目的語・補語　述語」です。通常は、「主語＋補語＋述語」「主語＋目的語＋述語」「主語＋目的語・補語＋述語」の順に並んでいます。

〇病院は駅から遠い。

〇バッターはボールを打った。

〇姉がチョコレートを父にあげた。

〇次郎はお年寄りに席をゆずった。

註　「アルナイ文」（述語が「ある」「ない」の文）

「ある」「ない」が述語の文は、特別にアルナイ文として扱うことがあります。

・机の上に新聞が<u>ある</u>。（動詞文）
・次郎の部屋には本が１冊も<u>ない</u>。（形容詞文）

Ⅲ　単文

単位文１つでできた文を**単文**といいます。単位文はいろいろな形をとって表れます。

１．述部のいろいろ
（1）肯定・否定

（ア）私たちは山に登る。　　　（だれが　どうする）

（イ）この山は高い。　　　　　（何は　どんなだ）

（ウ）千明は小学生だ。　　　　（だれは　何だ）

20

Ⅰ部　文の学習

（ア）（イ）（ウ）の文は、話し手が主部と述部との結合を認めている（肯定する）ものです。これらの文を**肯定文**といいます。それに対して、主部と述部との結合を打ち消している（否定する）ものがあります。

　（エ）私たちは山に登ら<u>ない</u>。

　（オ）この山は高く<u>ない</u>。

　（カ）千明は小学生で<u>ない</u>。

（エ）（オ）（カ）の文は、述語に「ない」を付けて肯定判断を打ち消す否定判断を表しています。これらの文を**否定文**といいます。

否定文は肯定判断を打ち消すだけで、それ以上の積極的な判断を述べることはできません。「山に登らない」は、「山に登る」を打ち消しているだけで、ほかに何をするのか、述べてはいません。

否定する部分をはっきりさせるために、その部分の後に「は」を付けることができます。

　（キ）私たちは山に<u>は</u>登らない。

　（ク）この山は高く<u>は</u>ない。

　（ケ）千明は小学生で<u>は</u>ない。

肯定判断を表す否定文

否定文には、次のように肯定判断を表すこともあります。

　（コ）この山ではクマに出会うことが
　　　　<u>めずらしくない</u>。（ざらにある）

> **【補説】形容詞の「ない」**
> ①お金が<u>ない</u>。
> 　①の「ない」は、形容詞の「ない」です。
> ②明るくは<u>ない</u>
> 　②の「ない」は補助形容詞です。上の語「明るく」と「ない」の間に「は」「も」をはさみこむことができます。

註　(a)「私が階段を上がる。」
という肯定文に対して、
　　(b)「私が階段を下りる。」
という文は否定文ではありません。(b)の文は、(a)の反対の意味を表している文なのです。否定文は、
　　(c)「私が階段を上がら<u>ない</u>。」
となります。(c)の文の「ない」は助動詞の「ない」です。

21

（2）とき（テンス～過去、現在、未来）

過去の文

（ア）きのう　雨が降っ<u>た</u>。

（イ）空は　青かっ<u>た</u>。

（ウ）準備が　大変だっ<u>た</u>。

（エ）犬のクロは　よわ虫だっ<u>た</u>。

（ア）（イ）（ウ）（エ）はもう終わったことを表している文です。このような文を過去の文といいます。**過去の文**は、述語の動詞に「た」（助動詞）を使って表します。

現在の文

現在のことを表すのには、

（オ）今、雨が降っ<u>ている</u>。

（カ）絵がはっ<u>てある</u>。

現在の文は、（オ）（カ）のように「ている」「てある」をつけることが多いです。

未来の文

（キ）あした　雨が降<u>る</u>。

（ク）あした　雨が降る<u>だろう</u>。

未来の文は、（キ）の文のように動詞のもとの形か、（ク）の文のように述語の後に「だろう」（助動詞）を使って表します。

【補説】

○「た」には「とがっ<u>た</u>山」のような状態を表す使い方もあります。

○現在のことは、状態としてとらえて表現し、現在形という特別な形はありません。

次のような文も、現在を表します。

・ここに犬が<u>いる</u>。

・ほら、バスが<u>来た</u>。

○未来のことは想像するということで、推量の助動詞「だろう」を使うことが多いです。

○動詞のもとの形「降る・起きる」などは、現在も未来も表します。

・明日、早く<u>起きる</u>。

（3）アスペクト（はじめ・なか・おわり）

（ア）うさぎが、ワニの数を数え<u>はじめる</u>。　（はじめ）

（イ）うさぎが、ワニの数を数え<u>ている</u>。　（なか）

（ウ）うさぎが、ワニの数を数え<u>おわる</u>。　（おわり）

Ⅰ部　文の学習

　これらのような文では、「数える」という動作を、「数えはじめる」「数えている」「数えおわる」のように、事柄の動きの段階を表します。このような文を**アスペクト（はじめ・なか・おわり）**といいます。

　動作が変化していく状態を表す文末は、動詞に「はじめる」「ている」「つづける」「おわる」「てしまう」などの補助動詞をつけます。

①動作のはじめ

　動作の始めを表すには、「〜はじめる」の形を使います。

　　（エ）子どもたちが泳ぎ<u>はじめる</u>。

　　（オ）木が倒れ<u>はじめる</u>。

　（エ）（オ）の文はどちらも**動作のはじめ**を表す文ですが、内容が少し違います。（エ）では、泳ぐ動作が始められ、現在、泳いでいる状態に入っていますが、（オ）では、木は傾いてはきていても、まだ、倒れていないのです。

> 【補説】
> 動作がまだ始まってはいないが、始まろうとする状態を表すには次のようなものがあります。
> ・坊さんが除夜の鐘を打<u>とうとしている</u>。
> ・大工さんが材木を切り<u>かける</u>。

②動作のなか

　動作が引き続き行われていることを表す時に「〜ている」の形を使います。

　　（カ）子どもたちが泳い<u>でいる</u>。

　　（キ）大きな木が倒れ<u>ている</u>。

　（カ）の文では、「泳ぐ」動作が行われ続けていますが、（キ）の文では、「倒れる」動作がすでに終わって、木が地上に横たわった状態になっています。（キ）の文は「なか」ではありません。このような違いが起こるのは、動詞の性質の違いのためです。「〜ている」がついて「なか」を表せるのは「泳ぐ」のように、継続できる動作を表す動詞に限ります。

　　（a）建てる　歌う　飛ぶ　植える　食べる　吹く

　　（b）死ぬ　終わる　破れる　落ちる

（a）の動詞に「ている」をつけると、その動作が進行中になりますが、（b）の「死ぬ」に「ている」をつけても、すでにその動作は終わってしまっています。ですから、（b）のような動詞では「なか」を作ることができません。

（ク）小さな物体が、地上めがけて落ちつづける。

【補説】
（b）の種類の動詞は、動作が瞬間的に終わるものや、状態の変化（結果の継続）を表すものです。
落ちる→落ちている
破れる→破れている

　動作の「なか」を表す形には「〜つづける」をつけるものもあります。「落ちる」という動詞に「ている」をつけても、動作の「なか」を表すことができませんが、「〜つづける」をつけると表せます。但し、（b）の動詞のほとんどは「終わりつづける」のように「〜つづける」をつけることはできません。

　これらの他に、動作の「なか」を表す形には「〜つつある」や「〜てくる」をつけるものがあります。

（ケ）病気がなおりつつある。

（コ）だんだん分かってくる。

③動作の終わり

　動作が終わったことを表す状態の文の文末は、動詞に「終わる」「てしまう」をつけます。「過去」とは違って、その瞬間に動作が終わることを表します。

（サ）姉は課題図書の本を読みおわる。

（シ）弟が、ぬり絵に色をぬってしまう。

　（サ）の「〜おわる」は、「終わる」「倒れる」など、状態の変化を表す動詞にはつきにくいですが、（シ）の「〜てしまう」は、「ぬってしまう」のように、だいたいの動詞につけられます。

（ス）絵がはってある。

Ⅰ部　文の学習

　（ス）の「～てある」は（サ）（シ）と違い、動作の終わった瞬間を表しているのではなく、動作が終わった後の状態が続いていることを表しています。行動の結果の状態だけに目をつけた表現ともいえます。

(4) ていねい

　（ア）地球は、太陽の周りを回<u>る</u>。

　（イ）地球は、太陽の周りを回<u>ります</u>。

　（ア）の文と比べると、（イ）の文はていねいな言い方になっています。

　（イ）の文のように、話し方をていねいな言い方にしたのが**ていねいな文**です。

　ていねいな文は、述語が「動詞＋ます」「形容詞＋です」「名詞＋です」になります。過ぎたこと・過去のことにするには、「ます」は「ました」、「です」は「でした」を使います。

　　（ウ）学校のチャイムが、鳴<u>ります</u>。（鳴<u>りました</u>。）　　「ドウスル文」

　　（エ）南極は、夏でも寒<u>いです</u>。　　（寒<u>かったです</u>。）　　「ドンナダ文」

　　（オ）春の海は、おだやか<u>です</u>。　　（おだやか<u>でした</u>。）「ドンナダ文」

　　（カ）お母さんは、先生<u>です</u>。　　（先生<u>でした</u>。）　　「ナンダ文」

　過ぎたこと・過去のことを表すとき、(エ)の文は、終わり方が違います。「寒いでした」とは、表現しないのです。「暑い」「高い」など語尾が「～い」になることば（形容詞）と、「美しい」「寂しい」などの語尾が「～しい」になることば（形容詞）では、過ぎたこと・過去のことを表すときに注意が必要です。

　註　形容詞は、「①事物の性質・状態を表す　②感じを表す」ことばです。
やや主観性が強いので、過ぎた過去の情感を表現する時に発話している今を現在形とし、形容詞の部分を過去形にしているのです。
　　・<u>美しかった</u>　<u>です</u>。
　　　過去形　　　現在形

25

【補説】「ます」「です」を使わないていねいな言い方

① 先生が、熱心に話す。

② 先生が、熱心に話される。

①の文と比べると、②の文は先生に対する尊敬の気持ちが述べられています。「先生が、熱心に話します」よりていねいさが増します。このように、考えや話の対象になっている人を尊敬して述べる文を**尊敬の文**（p.36参照）といいます。

（5）疑問

（ア）だれがこの文章を書いたのです**か**。

（イ）その山は高いです**か**。

（ア）（イ）のように、相手にたずねるときに使う文を**疑問文**といいます。疑問文は、（イ）のように文の終わりに終助詞「か」をつける形と、（ア）のように「だれが」（疑問詞）などと「か」を組にして使う形があります。「だれが」のほかに「いつ・どこ・だれ・なに・どちら・どんな・なぜ・いくつ」などが使われます。

疑問文は質問のしかたによって、次のように分けることができます。

（ウ）クジラは哺乳類です**か**。

（エ）だれがお菓子を買ってきました**か**。

（オ）クジラは魚類です**か**、哺乳類です**か**。

（ウ）は、１つのまとまった判断について、そうであるか、ないか、相手の考えを問うものです。（エ）は、判断内容の一部（主部）について問うものです。（オ）は、いくつかのものの中から選ぶものです。

疑問文は文末に「か」をつけるかわりに「の」をつけることもあります。

（カ）だれがこれを書いた**の**。

（ク）あなたは１人で行った**の**。

また、「か」も「の」も使わず、文末の声の高さを上げて疑問であることを表すこともあります。（イントネーション）

（ケ）プールに行く。（↗）

Ⅰ部　文の学習

（コ）テスト勉強は終わった。（↑）

疑問文は次のようなはたらきをする場合もあります。

（サ）今度いっしょに富士山に登りません<u>か</u>。（登りましょうよ…さそい）

（シ）毎日遅刻してきていいと思っているの<u>か</u>。

（いけないに決まっている…反語）

（ス）さっさと始めない<u>か</u>。（始めろ…命令）

（6）命令

（ア）早く<u>走れ</u>。

（イ）早く<u>走りなさい</u>。

（「なさる」の命令形＝なさい）

（ア）や（イ）の文のように、聞き手に行動－走ること－を要求する文を**命令文**といいます。命令文は、動詞・助動詞（せる・させる）の命令形で終わるのが普通です。命令形になると、主語が省略されることがよくあります。

（ウ）木にのぼる<u>な</u>。

（エ）さるにえさを<u>やらないでください</u>。

（「くださる」の命令形）

（ウ）の文は、聞き手に「木にのぼる」行動をしないように要求する文です。（エ）のように、ある動作を禁止するのもあります。これらはいずれも**禁止文（否定命令文）**といいます。文末の動詞・助動詞の終止形に「な」（終助詞）をつけたり、未然形に「ないでください」をつけたりします。

（オ）入室を<u>禁じる</u>。

このように、命令表現に「やめる」「よす」「禁じる」などのことばを使う場合もあります。

【補説】
命令文は相手を支配しようとする強い表現なので、不快な感じを与えないようにやわらかい表現をすることが多いです。
(a)希望や忠告を表す場合
・静かにしましょう。
・静かにしたほうがいい。
(b)柔らかい命令を表す場合
・食べるのをやめてもらいたい。
・食べるのはやめましょう。
(c)許容を表す場合
・食べてもいい。
・食べるのをやめていい。

27

（7）希望

　　（ア）ぼくは宇宙飛行士になり<u>たい</u>。

　　（ア）の文は話し手の**希望を表す文**です。このような文を希望の文といいます。

　　希望の文は述語の動詞に「たい」（助動詞）をつけて表します。

> 【補説】
> 「たい」「たがる」は、動詞および助動詞「せる・させる」「れる・られる」の連用形につきます。（「食べ＋たい」「見＋せ＋たい」）

　　（イ）ぼくはカレーライス<u>が</u>食べ<u>たい</u>。

「たい」をつけて「希望の文」にすると、補語の「カレーライス<u>を</u>」が「カレーライス<u>が</u>」に変わることがあります。

　　（ウ）弟はジュースを飲み<u>たがる</u>。

　　（ア）の文が話し手の希望を表すのに対し、（ウ）の文のように「たがる」をつけた「希望の文」は、話し手以外の人の希望を表しています。他者の希望を状況からおしはかって表現しているのです。

　　（エ）私も行き<u>とう</u>ございます。

　　（オ）サッカーボールを貸して<u>ほしい</u>。

　　（カ）早く、終わらないか<u>なあ</u>。

> 【補説】
> 「たい」に「ございます」や「存じます」が続くときは、「ウ音便」になります。

　　（オ）の文は、相手にある行為をしてもらうことを希望する文です。（カ）は、希望・願いを表すのに終助詞等を使った表現の仕方です。

（8）義務

　　（ア）小・中学生は、しっかり日本語を勉強する。

　　（イ）小・中学生は、しっかり日本語を勉強する<u>べきだ</u>。

　　（イ）の文は、（ア）と比べると、話し手が、「当然、そうしなければならない」という態度から望ましいことがらを述べています。そこから、相手にその行動を義務づけるはたらきが出てきます。

　　義務の文は、述語に「べきだ」のかわりに、「なければならない」「なければいけない」「なくてはならない」「なくてはいけない」を使うこと

もあります。

　このような文を**義務の文**といいます。

　　（ウ）運転手は、信号を守ら<u>なければ</u>
　　　　<u>ならない</u>（<u>なければいけない</u>）。

　　（エ）君は、もっといろいろなことを
　　　　学習し<u>なくてはならない</u>（<u>なくて</u>
　　　　<u>はいけない</u>）。

（9）意志

　　（ア）ぼくは、山田君と仲良しになろ<u>う</u>。

　　（イ）私はキャプテンとして責任をも
　　　　って行動し<u>よう</u>。

　　（ウ）私たちは、エベレストに登る<u>つ</u>
　　　　<u>もりだ</u>。

<blockquote>

【補説】

義務の文は、望ましいこと
がらを述べる時に使うので、
過ぎ去ったことの表現の後
には「べきだ」などは使え
ません。

＊運転手は、信号をよく<u>見</u>
<u>たべきだ</u>。

　「＊」は、使うことのできない文
を表します。

過ぎ去ったことに対する
「義務の文」は、「べきだ」
を「べきだった」に直し、
次のように表します。

・運転手は、信号をよく<u>見</u>
<u>るべきだった</u>。

</blockquote>

　これらの文は、「山田君と仲良しになる」「エベレストに登る」という
ことに、話し手の意志や予定の気持ちを付け加えています。

　このような文を**意志の文**といいます。意志の文は、述語の動詞に、「う」
「よう」（助動詞）や「つもりだ」をつけて表します。

　意志を表す文は、「ぞ」（終助詞）をつけて表すこともできます。

　　（エ）今年こそは、宿題を忘れないようにする<u>ぞ</u>。

　否定的な意志を表すには、「まい」（助動詞）をつけます。

　　（オ）他人を傷つけるようなことは決して言う<u>まい</u>。

（10）推量・想像

　雨が降る<u>だろう</u>。

　妹はかぜ<u>らしい</u>。

などのように不確実なことがらや、話し手が想像したことを表している
文を**推量・想像の文**といいます。

推量・想像の文は、その推量・想像の仕方によって次のようないろいろなものがあります。

（ア）兄はきっと大学に合格する<u>だろう</u>。　（推量）

（イ）弟はどうも病気<u>らしい</u>。　（推定）

（ウ）まるで夢を見ている<u>ようだ</u>。　（比況^註の推定）

（エ）あの１年生はなんだか泣き<u>そうだ</u>。　（様子の推定）

註　「比況」とは、あることを表現するとき、それを他の物と比べてたとえて表現することです。

（エ）は、小さな１年生の様子を見ての推定です。

推量表現と確信度

　ものごとに対して判断する場合、確信があるときは「〜だ」「〜である」ときっぱり言い切った言い方（断定）を用います。

　しかし、確信がないときは推量の文を用います。また推量の文の中にも確信の度合いの強弱があります。

（ア）私が社長<u>である</u>。
　　　明は<u>たしかに</u>病気<u>だ</u>。　⎫
　　　春子は<u>必ず</u>来る。　　　　　⎬　断定
　　　　　　　　　　　　　　　　　　⎭

（イ）明は病気に<u>ちがいない</u>。　⎫
　　　明は<u>きっと</u>病気<u>だろう</u>。　⎬　確信度が強い
　　　春子は来る<u>はずだ</u>。　　　⎭

（ウ）明は<u>どうも</u>病気<u>らしい</u>。　⎫
　　　明は<u>どうやら</u>行く<u>ようだ</u>。　｜
　　　明は<u>なんだか</u>行き<u>そうだ</u>。　⎬　確信度が弱い
　　　春子は来る<u>かもしれない</u>。　⎭

30

I部　文の学習

「だろう」と「らしい」

（エ）明日、雨が降る<u>だろう</u>。（単なる推量・予想）

（オ）明日、雨が降る<u>らしい</u>。（根拠のある推量）

　「明日、雨が降るだろう」は、天気予報などを見ずに、特に根拠を考えないで自分がそう思うという主観的な判断です。「明日、雨が降るらしい」は、天気予報などによる根拠や理由がはっきりしている判断です。根拠にもとづいて推量する時には、「だろう」よりも「らしい」を用います。

否定の推量

　「まい」を用いて、打ち消しの推量・想像を表します。

（カ）この魚はフナで（は）ある<u>まい</u>。

（キ）明にはホームランは打て<u>まい</u>。

（ク）相手はそんなに強く（は）ある<u>まい</u>。

（11）伝聞

（ア）よし子さんが九州へ引っこす。

（イ）よし子さんが九州へ引っこす
　　<u>そうだ</u>。

　（ア）の文が、よし子さんが九州へ引っこすという事態を話し手の判断として直接述べているのに対して、（イ）の文は、他人から伝え聞いたこととして述べています。このように、伝え聞いたこととして述べる文を**伝聞の文**といいます。

　伝聞の文は、述語に「そうだ」（助動詞）をつけます。

（ウ）北海道で雪が降った<u>そうだ</u>。

　　　（ドウスル文）

【補説】

○「そうだ」は伝聞のほかに、推量としても使われます。

・紙が飛び<u>そうだ</u>。

・このセーターは暖か<u>そうだ</u>。

これらの文のように、「そうだ」は、見かけからの推量を表します。

○伝聞と推量は用言と「そうだ」のつながり方が違います。

・<伝聞>雨が<u>降る</u>そうだ。

　　　　（終止形）

・<推量>雨が<u>降り</u>そうだ。

　　　　（連用形）

（エ）沖縄は、冬でも暖かいそうだ。
　　　（ドンナダ文）

（オ）明さんのお姉さんはきれいだ
　　　そうだ。（ドンナダ文）

（カ）幼い子どもを助けたのは高校
　　　生だそうだ。（ナンダ文）

○その他の伝聞表現
・〜ということだ。
・〜と聞いた。
・〜という話だ。

（12）ためし

（ア）カブトムシにさわってみる。

（イ）アケビを食べてみる。

（ア）や（イ）の文のように、「ためし
に何かをしてみる」という内容を表す文
を**ためしの文**といいます。

【補説】
「〜てみる」の「みる」は「見る」
という動詞とは意味がちがいま
す。
行って見る＝行って、何かを見
る。
行ってみる＝ためしに行く。

「さわる」「食べる」などのことば（動詞）は、それぞれ直接的な動作
や行為を表しますが、「さわってみる」「食べてみる」などは、その行為
の結果について、ばく然とした予測をもって「ためしに〜してみる」と
いう意味をつけ加えます。

ためしの文は、述語動詞に「〜てみる」（補助動詞）ということばを
つけて表します。

（13）やりもらい

人との関わりの中で使われることばに「やる（やり）」「もらう（もら
い)」があります。

（ア）私が妹に漢字を教えてやる。

（イ）ぼくが父に自転車を買ってもらう。

（ウ）父がぼくに自転車を買ってくれる。

（ア）（イ）（ウ）のような文を**やりもらいの文**といいます。だれかが、
だれかに、何かをしてやったり、何かをしてもらったりすることを言い

表しています。

　（ア）の文では、私の行為に「～てやる」を付けることによって、私が妹に利益を与えることを表します。（イ）の文では、「～てもらう」を付けることによって、ぼくが父から利益を受ける行為を表します。（ウ）の文は、「～てくれる」を付けることによって、ぼくが利益を受けることを表します。父の行為に対して感謝する気持ちが感じられます。

　述語動詞に「～てやる」「～てもらう」「～てくれる」が付くことによって、「利益を受ける・利益を与える」関係が浮かびあがってきます。（ア）の文、行為の主体者である「私」が、妹を利するので**他利**、（イ）の文は、行為の主体者「ぼく」が、利益を受けるので**自利**といえます。（ウ）の文は、形のうえでは、父の行為が、ぼくを利するので他利といえますが、利益の受け手である「ぼくの立場から」述べる文なので、自利と考えます。

　やりもらい文では、「～てやる」「～てもらう」「～てくれる」（補助動詞）がつくことによって、補語（～に）が必要になります。

> 【補説】
> （ア）（イ）（ウ）の文に対応して、次のようなていねいな言い表し方があります。
> ・私が先生にケーキを作って<u>あげる</u>。（「てやる」のていねい型）
> ・私が先生に手本を書いて<u>いただく</u>。（「てもらう」のていねい型）
> ・先生が私に手本をかいて<u>くださる</u>。（「てくれる」のていねい型）

（14）使役

　（ア）桃太郎が、犬たちに　車を　引かせた。

　（イ）犬たちが　車を　引いた。

　（ア）の文の主語「桃太郎が」は、行動をする人を表してはいません。「車を引いた」のは（イ）の文で分かるように犬たちです。（ア）の文の主語はそれを指図した人です。指図された犬たちははたらきかけられた相手であり、「～に」で表されます。

　（ア）のように主語の表す人やものが、ほかの人やものに　ある動作

33

をさせたり引き起こしたりすることを表している文を**使役の文**といいます。使役の文は、述語の動詞に「せる」「させる」（助動詞）をつけ、はたらきかける相手は「〜に」や「〜を」で表します。

　五段活用、サ変活用の動詞には助動詞「せる」がつき、その他の動詞には助動詞「させる」がつきます。

　　　（ウ）　弟が　買い物に　行く。　　　　（自動詞「行く」の文）
　　　（エ）　母は　弟に　買い物に　行かせる。（使役の文）
　　　（オ）　母は　弟を　買い物に　行かせる。（使役の文）

（ウ）の文では、買い物に弟が自主的に行ったことが考えられます。（エ）のように、はたらきかける相手を「弟に」すると、強い母の指図の結果となります。（オ）のように「弟を」とすると取り立てて弟を選んだことになります。

(15) 受身

　　（ア）　犬がねこを追いかける。
　　（イ）　ねこが犬に追いかけられる。

　この２つの文は、表わしていることは同じことです。追いかけているのは「犬」で、追いかけられているのは「ねこ」です。普通の文では、（ア）の文のように「追いかける」動作をする「犬」が主語になります。ところが、（イ）の文では、「追いかける」動作の影響を受けるもの（ねこ）が主語になっています。そして、述語は「追いかける」が「追いかけられる」に変わっています。このような文を**受身の文**といいます。

　普通の文である（ア）では、動作をするもの（犬）が主語で、動作の影響を受けるもの（ねこ）が「〜を」（目的語）で表されています。受身文である（イ）では、動作の影響を受けるもの（ねこ）が主語で、動作をするもの（犬）が「〜に」（補語）で表されています。そして、述語の動詞に助動詞「れる」「られる」がつきます。

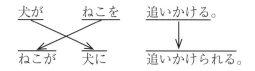

　受身文では、動作をするものは「〜に」で表されますが、それ以外に「〜から」「〜によって」で表されることもあります。
　（ウ）和夫はみんなから（によって）学級委員に選ばれる。
　受身文を作るときには、述語の動詞に、その活用の種類によって「れる」か「られる」の助動詞をつけます。五段活用、サ変活用の動詞には「れる」、上一段活用、下一段活用、カ変活用の動詞には「られる」をつけます。
　自動詞の述語から作られる受身は**迷惑の受身**といわれます。
　（エ）雨が降る。　→　（ぼくたちの遠足が）雨に降られる。
　（オ）赤ちゃんが泣く。→　赤ちゃんに泣かれる。

(16) 可能・自発

　（ア）弟も、歩いて駅まで行かれる。
　（イ）弟は、ピーマンやニンジンを食べられる。

【補説】
「食べられる」が「食べれる」、「着られる」が「着れる」のように「ら」を抜いたことばが使われるようになってきています。

（ア）の文は「弟も、歩いて駅まで行くことができる」という内容を表しています。（イ）の文は「弟は、ピーマンやニンジンを食べることができる」という内容を表しています。このような文を**可能の文**といいます。述語動詞に「れる」「られる」（助動詞）をつけて表します。形が「受身の文」と同じですが、意味が違います。「行く」「食べる」動作をするのは、主語の「弟」です。
　「られる」がつく動詞には、「着られる」（上一段活用）、「出られる」（下一段活用）、「来られる」（カ行変格活用）があります。「れる」がつくの

は「行かれる」のような五段活用の動詞です。（ア）の文は、「弟も、歩いて駅まで行ける」と可能動詞「行ける」を使っても、可能表現ができます。

註 可能動詞には、「書ける」「食える」「会える」「読める」「泳げる」「打てる」などがあります。

　　（ウ）木の芽のふくらみに春が近いと思われる。

　　（エ）草木の色づきに秋の訪れが感じられる。

　これらの文末は、「れる」「られる」ですが、可能表現ではなく、自然にそうなる感じがします。（ウ）（エ）のような文を**自発の文**といいます。

　自発表現に「想像される」「知られる」「見られる」「考えられる」「眺められる」などがあります。

【補説】
使役の受身形で自発を表すことができます。
・私は、友だちの一言で反省<u>させられる</u>。

(17) 尊敬

　　（ア）先生が熱心に話す。

　　（イ）先生が熱心に話<u>される</u>。

　（ア）の文と比べると、（イ）の文は先生に対する尊敬の気持ちが表れています。このように、話し手が考えや話の対象になっている人を敬って述べる文を**尊敬の文**といいます。

　尊敬の文は、述語の動詞に「れる」「られる」（助動詞）をつけます。

　　（ウ）先輩が全国大会に出場<u>される</u>。

　　（エ）おじさんが遊びに来<u>られる</u>。

○相手を尊敬する気持ちを表すのに、話し手自身を低くみて言い表すことがあります。これを**謙譲**といいます。

　・私がお宅へ<u>うかがいます</u>。

　・父が「よろしく」と<u>申して</u>おりました。

【補説】
尊敬表現には「れる」「られる」のほかに
・先生が全校朝会で<u>お話になる</u>。
・先生が熱心に<u>おっしゃる</u>。
などの言い方もあります。

Ⅰ部　文の学習

２．修飾

まず、修飾のない文を見てみましょう。

（ア）　主部　述部　花が、　さく。（動詞述語文）
　　　　　主語　　述語

（イ）　主部　述部　私は、　本を　読む。（動詞述語文）
　　　　　主語　目的語　述語

（ウ）　主部　述部　地球は、　月より　大きい。（形容詞述語文）
　　　　　主語　　補語　　述語

（エ）　主部　述部　明が、　本を　かばんに　入れる。（動詞述語文）
　　　　　主語　目的語　補語　　述語

（オ）　主部　述部　ダイコンは、　野菜だ。（名詞述語文）
　　　　　主語　　述語

　文は**主要成分**（主部と述部）で成り立ちます。述部のなかには、目的語・補語を必要とするものがあります。述語が要求する成分が**必要成分**です。**修飾**（連体修飾と連用修飾）は、主語・目的語・補語・述語にかかり、詳しくしたり限定したりします。下の文……部分が修飾です。

（カ）　主部　述部　赤い花が、　たくさん咲く。

　（カ）咲いた花の色は赤です。黄色でも青でもありません。咲いたのは１つではありません。こうして（ア）の文の意味が詳しくなり、限定されていきます。こうした修飾は、あってもなくても文として成り立ちますので、**自由成分**といいます。

37

（イ）　主部　　　　　　　述部
　　　12歳の私は、｜厚い本を　じっくり読む。

（ウ）　主部　　　　　　　　述部
　　　われらの地球は、｜上る月より　ずっと大きい。

（エ）　主部　　　　　　　　　　　述部
　　　中学生の明が、｜かりた本を　大きなかばんに　ていねいに入れる。

（オ）　主部　　　　　　述部
　　　太いダイコンは、｜おいしい野菜だ。

　　……部分の修飾は自由成分ですから、なくても文意は伝わりますが、修飾を加えることで、より多くの内容を伝えることができます。

　　修飾には体言（名詞・代名詞＝語尾変化がない）を修飾する**連体修飾**と用言（動詞・形容詞・形容動詞などのように語尾変化する）を修飾する**連用修飾**があります。

（1）連体修飾

　　（ア）犬が走っている。

　　（イ）元気な犬が走っている。

　　（ア）の文では、どんな犬が走っているかは述べていませんが、（イ）では、元気な犬であることが分かります。「元気な」ということばが、名詞の「犬」を様子の面から限定しています。「元気な」は、名詞だけでなく、「ぼく」や「きみ」などの代名詞を含む体言の意味を限定します。このような体言の意味を限定するはたらきをすることばを、**連体修飾**といいます。

　　註　犬・母・本・町・運動・静けさ・深さ・赤みなどの名詞と、
　　　　ぼく・きみ・これなどの代名詞をまとめて**体言**といいます。

38

【連体修飾のはたらき】

　　　大きい、赤い魚が、泳いでいる。

　この例文の連体修飾は「大きい」と「赤い」です。「魚」は、すべての魚を表します。「赤い魚」は、魚の中の色の赤いものだけをさし示します。「大きい赤い魚」は、「赤い魚」のうち、さらに「大きい」ものだけに限定されます。「赤い」は色の面から、「大きい」は大きさの面から修飾しています。

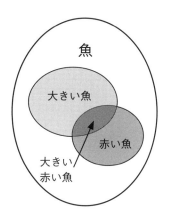

【連体修飾の種類】

　連体修飾は、体言をどの面から修飾するかによって、いろいろに分けることができます。

①**どんなかを表す連体修飾**（色、形、性質、感じ、様子）

　　（ア）まるいつくえが、並んでいる。

　　（イ）おじさんは、いつもゆかいな話をしてくれる。

　　（ウ）にごった水が、音をたてて流れていく。

②**なにのようかを表す連体修飾**（たとえ＝ひゆ）

　　（エ）つばめのような鳥が、いる。

③**どうする・どうしたを表す連体修飾**（動作、行為）

　　（オ）調教師が、あばれた馬をなだめた。

　　（カ）草を取る人たちが、田んぼに集まっている。

④**なにのを表す連体修飾**（材質、役割、同格）

　　（キ）私たちは、紙のコップを持って行きました。

　　（ク）これは、弟の二郎です。

⑤**いつのを表す連体修飾**（とき）

　　（ケ）この学校では、朝の集会に、歌を歌うことになっている。

　　（コ）私たちは、去年の３月３日に、ひなまつり会をしました。

⑥どこのを表す連体修飾（場所、所属）

　　（サ）父は、毎朝、池のほとりを散歩する。

　　（シ）旅館の主人が、ナウマンゾウの臼歯を発見した。

⑦だれのを表す連体修飾（所有、行為者）

　　（ス）とも子さんが、おかあさんのエプロンを借りてきた。

　　（セ）おじさんが、シャガールの絵を手に入れた。

⑧どのを表す連体修飾（指示）

　　（ソ）ぼくはこの本を読みたい。

（２）連用修飾

　　（ア）その夜、ぼくは、ふとんの中で、じっくりとあすの作戦を練った。

　　（イ）遠く見える初島の姿は、雲のようにうすい。

　（ア）の文の、「その夜」「ふとんの中で」「じっくりと」などのことばは、「いつ」「どこで」「どのように」という面から、「練った」という述語動詞の意味をはっきりさせています。（イ）の文では、「雲のように」ということばが、様子の面から、「うすい」という述語の形容詞の意味をはっきりさせています。このように、文の中で、**用言**（動詞・形容詞・形容動詞）の意味を限定し、はっきりさせるはたらきをもつ成分を**連用修飾**といいます。

【連用修飾の種類】

　連用修飾は、どの面から用言を修飾するかによって、いろいろに分けられます。

①いつを表す連用修飾

　　（ウ）アムンゼンは、1911年12月14日、
　　　　　南極点に立った。

　　（エ）この雨は、1日じゅう降りつ
　　　　　づいている。

【補説】
いつを表す連用修飾は大きく２つに分けられます。

(a) 時点を表す連用修飾（きのう・8時に・むかし）

(b) 時間・期間を表す連用修飾（2年間・ことしで・〜から〜まで）

40

（ウ）の文の「1911年12月14日」は「（南極点に）立った」という行為の行われた時点を表しています。（エ）の「1日じゅう」は「降りつづいている」という述語にかかって時間・期間を表しています。

②**どこ**を表す連用修飾

　　（オ）父が、温室で、コチョウランを栽培した。

　　（カ）ハイビスカスが、温室で咲いた。

　（オ）、（カ）の文の「温室で」は「栽培した」「咲いた」という述語にかかって、ところを表します。

　このなかまは、3つに分けて考えられます。

　　(a)　校庭で遊ぶ（遊ぶという行為が行われる場所）

　　(b)　校庭に並ぶ（並ぶという動作の場所）

　　(c)　家から学校まで（範囲）

③**だれと**を表す連用修飾

　　（ア）ぼくは、家族と海へ行った。

　　（イ）太郎は、友達とサッカーの試合に出かけた。

　この2つの文の「家族と」「友達と」は、海へ行った相手、いっしょにサッカーの試合に出かけた相手です。このように、いっしょに行動する相手を表すはたらきを**だれと**を表す連用修飾といいます。

④**なにで**を表す連用修飾

　　（ア）父は、はさみで新聞を切り取る。

　　（イ）私は、合格したことを、メールでおじに知らせた。

　（ア）の文の「はさみで」は「（新聞を）切る」道具を表しています。（イ）の文の「メール」では「知らせる」手段を表しています。「はさみで」「メールで」のように、道具や手段を表すはたらきを**なにで**を表す連用修飾といいます。

【補説】
いつを表す連用修飾は、どこを表す連用修飾とともに、文頭に置かれることが多いです。この場合は、文全体を修飾するとも考えられます。
・きのう、校庭で、運動会が行われた。

⑤**どのようにを表す連用修飾**

　　（ア）　少女は、ほんのりほほをそめた。

　　（イ）　あの岩は、山のように大きい。

　　（ウ）　私は、医者から聞いたとおりに話した。

　　（エ）　カラスが、鳴きながら飛んでいく。

　これらの文で「ほんのり」「山のように」「医者から聞いたとおりに」「鳴きながら」は、それぞれ「そめた」「大きい」「話した」「飛んでいく」にかかって、「どのように」か、様子の面から限定するはたらきをします。このように、用言について様子の面から限定するはたらきを**どのように**を表す連用修飾といいます。

⑥**どのくらいを表す連用修飾**

　　（ア）　山田投手は、ストレートを3回投げた。

　　（イ）　6月の東京は、かなりむし暑い。

　（ア）の文の「3回」は「投げた」回数がどのくらいか述べています。（イ）の文の「かなり」は「むし暑い」という状態の程度をどのくらいか述べています。このように用言について、数量や程度の面からどのくらいかを限定するはたらきをを**どのくらい**を表す連用修飾といいます。このなかまは、次の2つに分けて考えることができます。

　　（a）　3回、10本、5倍、少し、ちょっと、たくさん、みんな（数量）

　　（b）　かなり、たいへん　　　　　　　　　　　　　　　（程度）

「どのくらいを表す連用修飾」には、数量を表すことばに、「ぐらい」「ほど」などの程度を表す副助詞をつけて用いることがあります。

　・10メートルぐらいもぐる

　・チューリップの球根を100個ほど植える。

⑦**なんのためにを表す連用修飾**

　　（ア）　親つばめが、ひなのために、せっせと小虫を運んでいる。

　　（イ）　ぼくは、自転車を買うため、毎月ちょ金をしている。

「ひなのために」「自転車を買うため」は、それぞれ「（小虫を）運ん

42

でいる」「（ちょ金を）している」という行為の目的を表しています。このようなはたらきを**なんのためにを表す連用修飾**といいます。

⑧**なぜ**を表す連用修飾

　（ア）私は、かぜで欠席します。

　（イ）弟は、かぜのため欠席します。

　（ウ）村の橋が、大雨で流された。

　（ア）、（イ）の文の「かぜで」「かぜのため」は「欠席する」理由を述べています。（ウ）の文の「大雨で」は「流された」原因を述べています。このような原因や理由を表すはたらきを**なぜを表す連用修飾**といいます。

⑨**表現の態度**を表す連用修飾

　連用修飾のなかには、「けっして～ない」「まるで～のようだ」「たぶん～だろう」のように2つの語が**呼応**してはたらくものがあります。

　（ア）私は、けっしてうそをついていない。

　（イ）この実験は、たぶん成功するだろう。

「けっして」は「～ない」と結合して、強く打ち消す態度を表します。「たぶん」は「～だろう」と結びついて、「おおかたは～だろう」という態度を表すのです。このような「けっして」や「たぶん」などのことばのはたらきを**表現の態度を表す連用修飾**といいます。

　このなかまには、次のようなものがあります。

　(a)　強く希望する態度　「ぜひ・どうか　……～ください」

　　　・ぜひ　来てください。

　(b)　強く打ち消す態度　「けっして・すこしも・とうてい…～ない」

　　　・少しも　おどろかない。　　・とうてい　食べられない。

　(c)　たとえる態度　「まるで…………～ようだ」

　　　・まるで　つばめのようだ。

【補説】
○「～のため」この連用修飾は行為の目的のほかに

・ぼくはかぜのため欠席した。

・私は買い物のためお店へ行った。

このように、原因・理由を表す場合もあります。

○「なぜを表すことば」には、

・かぜをひいて

・かぜをひいたから

・かぜをひいたので

などもあります。

(d) 推量する態度 「たぶん・きっと・おそらく…〜だろう」

　　・<u>きっと</u>　雨が降る<u>だろう</u>。

(e) 質問する態度 「なぜ・どうして……〜か」

　　・<u>なぜ</u>　学校を休んだの<u>か</u>。

(f) 強い意志を示す態度 「かならず………………（くる）」

　　・<u>かならず</u>　帰ってくる。

(g) 仮定条件を示す態度 「もし……〜ならば・たとえ〜ても」

　　・<u>もし</u>、雨が降った<u>ならば</u>、遠足は中止です。

註　(g)の文は、重文として扱います。(p.53を参照)

3. 強調

　文を構成する成分（文節）の並べ替え、とりたてのことばの使用、声の上げ・下げ、強め・弱めなどのイントネーションによって、どれかを強めて、文の調子や感じを変えることができます。このようなことを**強調**といいます。

　強調には、語順変化（文の成分の順序の変化）による強調、副助詞による強調、ことばの調子（プロミネンス）による強調があります。

（1）語順変化による強調

　文の成分の配列は、普通、次のとおりです。

①主部（主語）は、述部（述語）の前に置く。

②述部（述語）は、文末に置く。

③修飾成分は、修飾される語の前に置く。

　<u>おじいさんが</u>　<u>くりの</u>　<u>木を</u>　<u>ていねいに</u>　<u>植えました</u>。
　　　主語　　　　連体修飾　目的語　連用修飾　　　述語

　この文の順序を変え、強調したいことを文頭に置くことで、その成分を強調します。

44

Ⅰ部　文の学習

「おじいさんが **どのように** くりの木を植えましたか？」の質問には、次のような答えが出てきます。

　ていねいに、おじいさんが　くりの木を　植えました。

　この文では、様子を表す連用修飾「ていねいに」が文頭にきて、木を植える様子が強く表現されます。

「おじいさんが **なにを** ていねいに 植えましたか？」の質問の答えは、次のとおりです。

　くりの木を、おじいさんが　ていねいに　植えました。

　この文では、目的語「くりの木を」を文頭に出して、植えたものが強められています。

「おじいさんが ていねいに くりの木を**どうしたのですか？**」の質問の答えは、

　植えました、おじいさんが　ていねいに　くりの木を。

　この文は、述語「植えました」を主語「おじいさんが」の前、文頭に置くことで、おじいさんの行動を強めています。

　・くりの木を　植えました、おじいさんが　ていねいに。
　　（目的語と述語とを強調）
　・くりの木を　ていねいに　植えました、　おじいさんが。
　　（述部を強調）
　・おじいさんが　ていねいに　植えました、くりの木を。
　　（目的語以外を強調）

何を強調するかは話し手の思い、文脈、脈絡によって変わります。

> **【補説】** 文脈＝文と文とのつながり。例えば、質問と答え。
> 　　　　　脈絡＝話が行われている場面や背景とのつながり。

45

（2）副助詞による強調

　　（ア）明がパンを食べた。

　　（イ）明がパンは食べた。

　　（ウ）花子がごはんを食べた。

　　（エ）花子はごはんを食べた。

　（ア）（イ）の２つの文は、同じことから「パンを食べる」を表現しています。（イ）の文は、食べた対象は何であるかに強い注意が向けられています。明が食べたものが「パン」であることを強調しています。「は」は副助詞で、このような表現を**副助詞による強調**といいます。

　（エ）は、主語「花子が」に副助詞「は」がつくことによって「が」が消去され、「花子」を強調しています。副助詞「は」がついても、次の（オ）のように、元からあった助詞「に」が消去されずに残る場合もあります。

　　（オ）明は花子には手紙を出さなかった。

　副助詞による強調では、意味の違いが生じてきます。

①ある１つのもの・ことをとりあげて限定し、その他のものについては述べない。

　　（カ）一郎君だけかさを持ってきた。

　　（キ）花子さんはお菓子ばかり食べている。

「だけ」「ばかり」以外に「は」「こそ」「しか」などがあります。

②ある極端なもの・ことを１つの例としてとりあげ、その他のものも同じであることを述べる。

　　（カ）彼まで開始時刻に遅刻した。

　　（キ）その仕事は初心者でもできる。

「まで」「でも」以外に「も」「さえ」などがあります。

> **【補説】**（イ）の文の語順を変えて「パンは明が食べた」とすると、補語を示す「〜を」がないので、主語とまちがえやすいです。

46

（3）ことばの調子（プロミネンス）による強調

　話し手が最も重要な部分を意識して強く発音することがあります。**プロミネンス**といわれる強調の仕方です。

①**対比による強調**（他のことばに対比されて行われる強調）

　（ア）父は、今日、京都に行った。
　　　　　　時　　所

　京都に行ったのが昨日でも一昨日でもなく「今日」だという場合、話し手は「今日」を強く発音し、他のことばを弱く発音します。こうして「時」を強調します。目的地が大阪でも名古屋でもなく「京都」だという場合は、「京都」を強く発音します。こうして「行き先」を強調します。

②**驚き・疑問などによる強調**

　（イ）我が家の犬が死んだ？

　朝出かけるときには元気に尾を振っていた飼い犬なのに、帰宅したとき、その犬が死んだことを知らされたような場合、「死んだ」が強く発音されます。同時に「死んだ」は、疑問文のようにしり上がりに発音されます。

【補説】
○ある語を強調するため、その語を強く発音するとき、語形が変化することがあります。程度を表す副詞や形容詞に見られます。
・長音化
　たくさん→タークサン
　すごい→スゴーイ
・促音化
　とても→トッテモ
　すごい→スッゴイ
○強調には、強弱だけでなく、発音の高低や緩急で表すこともあります。

4．省略

ねこがとった！

　この文では、ねこが何をとったのか分かりません。目的語（補語）が抜けているからです。このように、単位文に必要な成分が欠けた文を**省略の文**といいます。

省略の文は、どの部分が省略されるかで、次のように分けられます。

　（ア）金魚をとった　　　（主語の省略）
　（イ）ねこがとった。　　（目的語の省略）
　（ウ）ねこが金魚を—。　（述語の省略）
　（エ）ねこが金魚とった。（格助詞の省略）
　（オ）とった。　（主語・目的語の省略）

上記の文は、話しことばの場合ですが、書きことば（説明や記録文、文学表現など）でも省略が行われます。自分のことを書くときには「私が」「ぼくが」などを省くことが多いです。

　（カ）（列車が）国境の長いトンネルを抜けると（そこは）雪国だった。
　（キ）5時に（ぼくが）（水温を）調べたら、水温は23度になっていた。

5．つけ加え

おや、雪が降ってきた。

この文は、「雪が降ってきた。」という、普通の文に、「おや」という驚きを表すことばがつけ加えられています。降らないだろう、と思っていたのに、雪が降ってきた、という驚きの気持ちが表れているのです。このように、文頭または文末に驚きや喜び、悲しみ、呼びかけ、受け答えなどのことばがつけ加えられた文を**つけ加えの文**といいます。

【補説】
省略は、文章の前後関係やその場の状況から省略しても意味がよく通じる場合だけに限るべきです。いきなり「ねこがとった」では、話が通じません。この場合は、「だれが金魚をとったか」が問題になっていたのです。

省略の文は、分かりきったことや必要でないと考えたことを省いて示しますから、文を簡潔にしたり、相手に力強く伝えたりという利点があります。その反面、不都合なことを省略して述べたり、書かなかったりするということがありますから、何が省略されているのかについて注意深くなることも大切です。

①驚きを表すつけ加えの文

　（ア）あっ、木が倒れる。

　（イ）えっ、電車が脱線したって。

　（ウ）おお、それはありがたい。

　（エ）それは困るね、ウーン。

②さけびを表すつけ加えの文

　（オ）おお、寒い。

　（カ）くやしい、ああ。

③受け答え、呼びかけを表すつけ加えの文

　（キ）はい、私が行きます。

　（ク）いいえ、これは私の本です。

　（ケ）小林君、泳ぎに行こう。

　（コ）おい、弱い者いじめはよせよ。

④前にある文とのつながりを表すつけ加えの文

　（サ）けれども、君の言うとおりかどうか、疑問です。

　（シ）だから、ぼくは君に賛成しなかったのだ。

> 【補説】
>
> ○おや、あっ、えっ、ああ、おお、……などのことばを感動詞といいます。
>
> ○「さけび」、「受け答え」などの文は、話の相手が見える所にいるので、主語や補語が省略されることが多くなります。

6．主題化

　（ア）ぼくがきっぷを買う。

　（イ）きっぷはぼくが買う。

　述べている内容は同じようですが、（イ）は「きっぷ」を問題にした言い方です。

　文中のあることばを問題にするときには、そのことばを文頭に出し、副助詞の「は」をつけます。これを**主題化**といいます。

①主語の主題化

太郎が本を読む。→太郎は本を読む。（「が」が消えて「は」になる）

49

②補語の主題化

（ウ）姉が<u>夕飯を</u>作る。（目的語）

→<u>夕飯は</u>姉が作る。（「を」が消えて「は」になる）

（エ）弟が<u>駅へ</u>行く。→<u>駅へは</u>弟が行く。

<u>駅は</u>弟が行く。（元の助詞「へ」を省く言い方もします）

（オ）紀子が<u>学級委員に</u>なる。→<u>学級委員には</u>紀子がなる。

<u>学級委員は</u>紀子がなる。（元の助詞「に」を省く言い方もします）

（カ）紀子が<u>花子と</u>会う。→<u>花子とは</u>紀子が会う。

<u>花子は</u>紀子が会う。（元の助詞「と」を省く言い方もします）

註 次の(a)と(b)のちがいに注意しましょう。

(a)「<u>学級委員には</u>紀子がなる。」と主題化する文では、学級委員になるのは紀子だけで他の人はならないことを示します。

(b)「紀子が<u>学級委員に</u>なる。」は、紀子の他になる人があってもいいわけです。

③連体修飾の主題化

（キ）<u>いなかの</u>空気がきれいだ。

→<u>いなかは、</u>空気がきれいだ。

（ク）兄が<u>弟の</u>めんどうをみる。

→<u>弟は、</u>兄がめんどうをみる。

④連用修飾の主題化

（ケ）父が<u>13日に</u>出張する。

→<u>13日には、</u>父が出張する。

（コ）海女が<u>あご湾で</u>貝を採る。

→<u>あご湾では、</u>海女が貝を採る。

【補説】

次のような場合、主題化が行われます。

①ふだんそうであると認められることがら。

・<u>水は、</u>低い方へ流れる。

・<u>父は、</u>朝6時に起床する。

②話し手と聞き手の間で、すでに話題にのぼっていることがら。

・昔ある所に、おじいさんとおばあさんがありました。<u>おじいさんは</u>山へしばかりに、<u>おばあさんは</u>川へせんたくに行きました。

Ⅳ　重文

単位文が２つ以上つながって組み立てられている文を**重文**といいます。前にくる文を前文、後ろにくる文を後文といいます。

1．並列の重文（ナラビ重文）

（ア）<u>父が新聞を読み</u>、<u>妹がテレビを見ている</u>。
　　　　単位文（前文）　　　　単位文（後文）

（ア）の文は２つの単位文から組み立てられていて、それぞれ並列、対等の関係になっています。このような文を**並列の重文**といいます。

（イ）雨も降る<u>し</u>、風も吹く。

（ウ）しゃくとり虫が枯れ枝に似てい<u>たり</u>、このはちょうが木の葉にそっくりだっ<u>たり</u>します。

（エ）夏のらいちょうは地面の色に似た茶色でまだらのはねに<u>なり</u>、えちごうさぎは茶色になります。

（オ）りんごは果物<u>で</u>、トマトは野菜だ。

2．条件・帰結の重文

（カ）<u>大雨が降ったので</u>、　<u>道がくずれました</u>。
　　　（原因―条件）　　　　　（結果―帰結）

（キ）<u>頭が痛いから</u>、　<u>私は学校を休む</u>。
　　　（理由―条件）　　　（結論―帰結）

（カ）、（キ）の文を **条件・帰結の重文**といいます。原因・理由をまとめて**条件**といい、結果や結論をまとめて**帰結**といいます。前文と後文が条件・帰結の関係で組み立てられています。（カ）（キ）の文は、それぞれ分解すると２つの単文になります。

（カ）①大雨が　降りました。　②（それで）道が　くずれました。

（キ）①頭が　痛い。　②（だから）私は　学校を休む。

（カ）の文の「ので」、（キ）の文の「から」は、条件を表すつなぎの助詞で、それぞれ前文の後につきます。

順接と逆接の重文

次の２つの文を比べてみましょう。

（ク）波が高いので、船が大きくゆれた。

（ケ）波が高いのに、船はゆれなかった。

いずれも、「波が高い」という単位文を条件として組み立てられています。（ク）の文では、「波が高い」という原因が引き起こした結果として、「船がゆれた」を述べています。しかし（ケ）の文では、「波が高い」という原因があるのに、結果は（ク）とは逆に、「船はゆれなかった」という判断を述べています。（ク）のような文を**順接の重文**といい、（ケ）のような文を、**逆接の重文**といいます。

順接の重文

（コ）晴天が続いたので、水不足が起こった。

（サ）急に目の前が暗くなったので、私はびっくりした。

（シ）徳川幕府が強い力で日本を支配したから、島原の乱以後、幕末まで大きな戦争はなかった。

（ス）母も教会で働いていたため、兄弟はよく賛美歌を知っていた。

逆接の重文

（セ）秋も深まったが、暑さはまだ残っていた。

（ソ）雨がふったのに、ダムの貯水量はさほど増えなかった。

（タ）ぼくがいくら呼んでも、だれも来なかった。

（チ）太郎がまじめに働いたけれども、暮らしはなかなか楽にはならなかった。

（ツ）下級生たちがどんなに悪口を言っても、山本少年は少しも腹を立てなかったそうだ。

確定条件と仮定条件の重文

① 晴天が続いた<u>ので</u>、

② 下級生たちが悪口を言った<u>けれども</u>、

③ 晴天が続け<u>ば</u>、

④ 下級生たちが悪口を言え<u>ば</u>、

①と②の条件は、すでに起こったことがらで、**確定条件**といい、③と④の条件は、「もし…たら」と仮定されたことがらで、**仮定条件**といいます。

（コ）〜（ツ）までの例文は、すべて確定条件の文です。

仮定条件の重文

（テ）私がよく説明すれ<u>ば</u>、母はきっと理解してくれる。（順接）

（ト）きみが真実を語っ<u>たら</u>、みんなは納得するはずだ。（順接）

（ナ）だれが何と言おう<u>と</u>、彼女は決心を変えないだろう。（逆接）

（ニ）雨が降ろう<u>が</u>、雪が降ろう<u>が</u>、ぼくは練習を休まない。（逆接）

※仮定条件のつなぎ

（順接）ば・と・たら・なら　（「たら」・「なら」は助動詞）

（逆接）が・ても・と・たって

> 註　並列以外の重文は、複文として扱われることがありますが、児言研文法では単位文を基本として考えるので、重文と考えます。

【補説】重文の省略

重文は、単位文の一部を省略することが少なくありません。会話などの場合、下線の部分が省略され、下のような形の重文になることがあります。

・話せば、分かる。

←<u>私が</u>話せば、<u>彼は</u>分かる。

・頭が痛いから、学校を休む。

←頭が痛いから、<u>私は</u>学校を休む。

・行ったのに、会えなかった。

←<u>私が彼の家に</u>行ったのに、<u>私は彼に</u>会えなかった。

53

Ⅴ　複文

　１つの文の中に単位文が組み込まれて、その文の１つの成分となって
いる文を**複文**といいます。

１．連体修飾の複文

　　（ア）青いアサガオが、咲いた。

　　（イ）妹が植えたアサガオが、咲いた。

　（ア）の「青い」は、「アサガオ」の連体修飾の成分です。また、（ア）
の文は、主部と述部の、結びつきが１回の単文です。（イ）の文は、主
部の中の「アサガオが」（主語）に、「妹が（アサガオを）植えた」とい
う連体修飾成分（単位文）がついています。そのアサガオが咲いたので
す。（イ）のように、文の中にもう１つの主部と述部の結びつき、文が
連体修飾成分として組み込まれている文を**連体修飾の複文**といいます。

　連体修飾成分は、いろいろな連体修飾と同じように、文の中に用いら
れているどの体言にもかかることができます。

　　（ウ）おじいさんは、雨が降りそうな空を見上げた。（目的語）

　　（エ）太郎は、石ころの多い山道に向った。　　　（補語）

註　（エ）の「石ころの多い」のように、**連体修飾成分では、**
　　　主語の「が」が「の」に変わることがあります。

　連体修飾成分が「に」「で」などの助詞をと
もなって、用言の修飾になることがあります。

　　（オ）明は、波のおだやかな日に泳ぐ。

　（オ）では、連体修飾成分を受けている「日」が、
「日に」となって、「波のおだやかな日に」が「泳
ぐ」の、「ときを表す連用修飾」になっている
のです。

> **【補説】**とき・ころ・
> ところ・ほど・まま・
> ぐらいなどの形式名
> 詞も連体修飾成分を
> 受けます。
> ・日が暮れる**ころ**
> ・みんなが驚く**ほど**
> ・姿が消えた**まま**

54

I部　文の学習

２．連用修飾の複文

（ア）私は、頭が痛くなるほど考えた。

　この文は、「頭が痛くなる」という主部・述部が揃った単位文が程度を表す副助詞「ほど」を伴って用言の「考えた」を修飾している文です。「私は、考えた。」という文の中に「頭が痛くなる」という単位文が組み込まれる形になっています。このような用言修飾の部分が単位文になっている文を**連用修飾の複文**といいます。

（イ）ライト兄弟は、はじめて鳥が飛ぶように空を飛んだ。

（ウ）母は、私の受験の日の朝、自分が受験するみたいに緊張していた。

> 註　とき・ところ・ころ・まま・ぐらいなどの形式名詞が修飾成分を受けて、時・所・程度などを表す連用修飾になることがあります。
> ・月の明るいころ、私たちは川沿いの道を十キロ上った。
> 　（月の＝主、明るい＝述）

３．その他の複文

（ア）東京は、車が多い。

　この文は、「車が多い」という単位文が、「東京は」という主語について説明する述部になっています。

　（ア）のような文を総主文ということがあります。「象は、鼻が長い」などが、例としてあります。

（イ）医者が、悪いところはありませんと言った。

　この文は、医者が言ったこと（内容）〜「悪いところはありません」をそのまま借りて伝えています。自分の判断の中に、他人の文章やことばを使う「引用」です。

　「〜と言う」の「と」は格助詞で、言うの内容をまとめるはたらきをもっています。「引用の助詞」ともいわれています。

55

（ウ）春田君―かれは野球部のキャプテンだ―は、しばらく欠席だ。

この文は、「春田君は、しばらく欠席だ」という文の、主語「春田君」の説明「かれは、野球部のキャプテンだ」という文がはめ込まれています。

（ア）総主文、（イ）引用、（ウ）はめ込み　という形の複文の他に、重文の中の前文・後文の部分が複文になっている**重複文**もあります。

（エ）くちばしの鋭いキツツキが全身の力で穴をほるので、木の中の幼虫は見つかってしまう。

（エ）の文は　接続助詞「ので」でつながった順接の重文です。前文は、次のような構成の複文です。

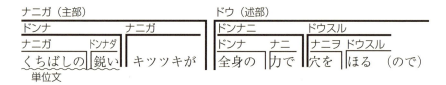

波線部分が単位文になっています。「キツツキ」の連体修飾の部分が主部・述部のある単位文になっているので、複文です。

（オ）ボートは、風が強く波も荒い海にこぎ出した。

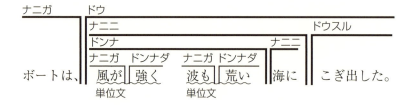

「海」にかかる修飾の部分が重文になっている重複文です。

Ⅵ　文の分析

　私たちが文を使って考えをまとめたり、伝えたり、相手の考えを理解できるのは、文を構成している「**ナニガ**」（ダレガ）、「**ナニヲ**」（ダレヲ）、「**ドウスル**」などを表すことば（文節—文を構成する単位）のはたらきが分かるからです。

　文節が文の中で成分として、どのように配置され、結びついてはたらいているのかを確かめることを**文の分析**といいます。

　文節は、文の中で１つまたは２つ以上のまとまりになってある決まった役割をはたします。

　その役割を明らかにしたものを成分といいます。

　主要成分は、文に必ずある成分で主部と述部です。主部は**ナニガ**で表し、述部は**ドウ**で表します。

　必要成分は、述部の述語が必要とする成分で目的語と補語です。述語によってどんな成分を必要とするかが決まります。

　述語が動詞である場合は**ドウスル**で表し、目的語は**ナニヲ**、補語は**ナニニ**で表します。

　述語が形容詞や形容動詞である場合は**ドンナダ**で表します。

　述語が名詞である場合は、**ナンダ**で表します。

　自由成分は、付け加えられた成分の役割を変えず、限定したり詳しくしたりするはたらき（修飾）をもっています。連体修飾は**ドンナ**、連用修飾は**ドンナニ**で表します。

　文の成分は、主部と述部、目的語と述語、補語と述語、修飾成分と修飾される成分というように、お互いが切り離せない関係をもっています。ですから、文分析は全体から部分へと順次２つずつに分けていき、それぞれの関係をはっきりさせながら進めていきます。

1. 単位文（単文）

主部と述部に分けます。

動詞述語文（ドウスル文）

① 主部と述部に分けます。　　②述部をさらに分けます。

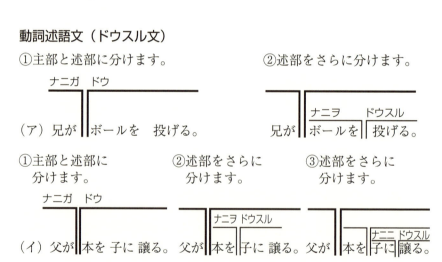

形容詞・形容動詞述語文（ドンナダ文）

① 主部と述部に分けます。　　②述部をさらに分けます。

①主部と述部に分けます。　　　　②述部をさらに分けます。

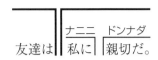

名詞述語文（ナンダ文）

①主部と述部に分けます。　　　　②述部をさらに分けます。

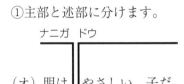

2．連体修飾（ドンナ）の文

主語の修飾

目的語の修飾

補語の修飾

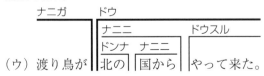

連用修飾の修飾

名詞述語の修飾

3．連用修飾（ドンナニ）の文

【補説】

「いつ」「どこで」が文頭に現われることがあります。この「いつ」「どこで」は、文全体を修飾する（場面を設定する）はたらきをしているので、**トキ・トコロ修飾**として連用修飾から区別することがあります。

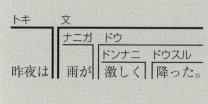

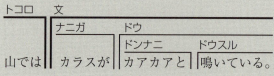

4．省略の文

　文章の前後関係やその場の状況から意味が通じる場合は省略することがあります。文分析図では、省略された成分は（　　　）で示します。

（ア）金魚をとった。（主部の省略）　　　（ねこが）｜金魚を｜とった。
　　　　　　　　　　　　　　　　　　　　　　　　　ナニガ

（イ）ねこがとった。（目的語の省略）　　ねこが｜（金魚を）｜とった。
　　　　　　　　　　　　　　　　　　　　　　　　　ナニヲ

（ウ）ねこが金魚を。（述語の省略）　　　ねこが｜金魚を｜（とった）。
　　　　　　　　　　　　　　　　　　　　　　　　　ドウスル

（エ）とった。（主部、目的語の省略）　　（ねこが）｜（金魚を）｜とった。
　　　　　　　　　　　　　　　　　　　　ナニガ　　ナニヲ

5．強調の文

　　植えました、　おじいさんが　ていねいに　くりの木を。

　この文は述語「植えました」を主語「おじいさんが」の前、文頭に置くことで、おじいさんの行動を強めています。
　文分析図では、次のように示します。文頭に置かれた成分「植えました」は、元のところから移動したものと考えます。→で移動先を示します。

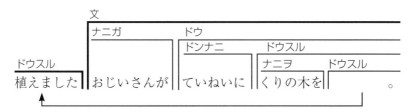

6. 主題化の文

文中のある成分を話題の中心にする（主題化）ときには、その成分を文頭に移動させ、助詞「は」をつけます。主題を表す「は」がつくと、格助詞「が」「を」が消えて、どれも「〜は」となります。格助詞「に」「へ」「で」などにつく場合は、消えずに「〜には」「〜へは」「〜では」となります。それらがどんな成分であるかをはっきりさせるためには、もとの形にもどして判定することが大切です。

主語の主題化

目的語の主題化

補語の主題化

トキ・トコロ成分の主題化

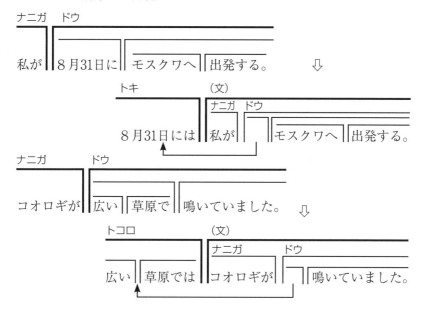

7．副助詞をもつ文

　（ア）　八重子だけが家にいた。
　（イ）　うちの犬は骨も食べません。
　（ウ）　その説明は初心者さえ理解できる。

　主語、目的語、補語に副助詞がつく場合、主語、目的語、補語をはっきりと確かめて文分析図をつくります。

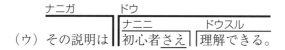

8. 重文

並列の重文

　　（ア）　父は　新聞を読み、母は　テレビをみている。

①前文と後文に分けます。

②それぞれの文を主部と述部に分けます。

条件・帰結の重文

　　（イ）　春が来たので、草木が芽吹いた。

①前文と後文に分けます。

②それぞれの文を主部と述部に分けます。

9．複文

連体修飾の複文

（ア）**母が植えたチューリップがきれいに咲いた。**

この文は、単位文「母が（チューリップを）植えた」が、主語「チューリップが」の前に　埋め込まれて連体修飾成分になっている複文です。

①主部と述部に分けます。

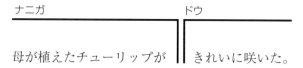

②主部をさらに分けます。埋め込まれた単位文は（文）で表します。

連用修飾の複文

（イ）**村は火が消えたようにひっそりしている。**

この文は、単位文「火が消えたようだ」が、「火が消えたように」に変わり、連用修飾になっています。

①主部と述部に分けます。

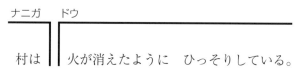

②述部をさらに分けます。

10. 重複文

▼重文で、前文か後文が複文の場合

　　（ア）ゆみ子は母が作ったおにぎりをみんな食べてしまったので、おにぎりは残っていません。

①前文と後文にわけます。

前文：ゆみ子は　母が作ったおにぎりを　みんな　食べてしまったので

後文：おにぎりは　残っていません。

②前文（複文）、後文をそれぞれ主部と述部に分けます。

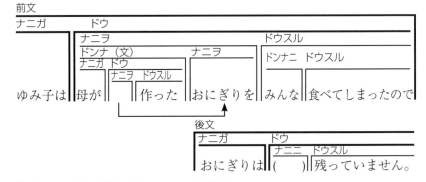

▼複文で、重文が組み込まれている場合

　　（イ）ボートは風が強く波も高い海に乗り出して行った。

①主部と述部に分けます。

ナニガ　ドウ

ボートは　風が強く波も高い海に乗り出した。

②述部をさらに分けます。

11. 総主文

　（ア）日本は国土が狭い。
　（イ）大久保君は文法が得意だ。

（ア）、（イ）の文は、単位文がそのまま述部になっている文です。主部の主語を「総主語」といい、述部の主語と区別します。このような文を**総主文**といい、次のように文分析します。

①主部と述部に分けます。

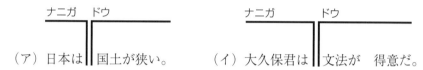

②述部をさらに分けます。

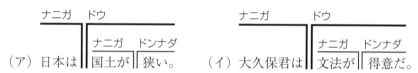

【補説】
○総主文は、総主語が「～が」になることもあります。
・日本が　国土がせまい。
　（「どの国が国土が狭いのですか?」の答えとして）
○総主語が、話し手の場合は、省略されることがあります。
・（私は）お茶が　飲みたい。

12. はさみこみ文

　山田君は、君も知っているでしょう、しばらく学校を休んでいます。

　この文は、「山田君は」が主部で、それに結びつく述部が「しばらく学校を休んでいます」になっている文です。その結びつきが、はさみこまれた「君も知っているでしょう」という文に中断されながらも、まとまったものになっています。
　はさみこまれている文を**はさみこみ文**といいます。
　文分析図では、次のように表します。

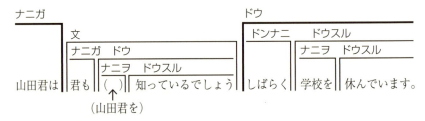

13. 単位文の外にある成分

　（ア）雨が、降りました。それで、運動会は、延期になりました。
　この文は、前の文の内容が原因となって、後の文の内容がその結果を表しています。接続詞「それで」は文を構成する成分ではなく、つながりをはっきり示すはたらきをしています。このように単位文の外にあって前の文とのつながりを示すはたらきをする成分を**ツナギ成分**といいます。

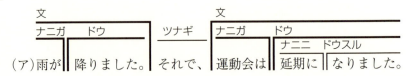

(イ) <u>えっ</u>、金魚がミルクを飲む。
(ウ) <u>はい</u>、ぼくが それを やります。

(イ)(ウ)の文は、驚きや受け答えを表す成分がつけ加わった文です。このような文で、つけ加わった成分（感動詞）は単位文とは独立して、それだけで表現されることもあります。このような成分を**ツケクワエ**成分といいます。

【補説】
成分を構成する要素として次のようものがあります。
・電車が、もうすぐ来る<u>らしい</u>。（話し手の考えを示す助動詞）
・先生は、子どもたちがよく勉強する<u>こと</u>に満足しています。
　（「こと」は、埋め込まれた単位文を補語に変える形式名詞）

II部

語の学習

I　単語

　文を分析すると、主語・述語・目的語・補語・修飾語などの成分に分けられます。

冬の	月が	寒々と	湖面を	上から	照らす。
連体修飾語	主語	連用修飾語	目的語	補語	述語

　この〇〇語と名付けられる文の成分は、次のような特徴をもっています。

　　・いつでも、ひと続きに発音される。

　　・前後に切れめを置くことができる。

　　・音の高低は一定している。

　つまり、これらは、文の成分として最小の単位ということができます。この最小単位を**文節**といいます。

　「月が」「月を」「月と」「月は」「月で」などの文節から「月」という共通のことばを抜きだすことができます。「月が」「花が」「山が」などでは、「が」が共通のはたらきをしていることが認められます。

　「月」や「が」のように、文節を作る材料になることばを**単語**といいます。単語（語ともいう）はある１つの意味を表すことばの最小の単位です。

　次の＿（アンダーライン）を引いたことばは、それぞれが単語です。

　　（ア）冬の　月が　寒々と　湖面を　上から　照らす。
　　（イ）おかあさんは、ぼくの　帰りを　待って　いる　だろう。

　文節は、一個または二個以上の単語で成り立っています。

> 【補説】主語・目的語・補語・述語・連体修飾語・連用修飾語は、その役割をもった文節の名付けです。

複合語

　単語が二個以上結びついて１つの単語を作っているものがあります。これを**複合語**といいます。

（ア）　手足　　　　（イ）　手渡す　　　（ウ）　手荒い

（エ）　書き手　　　（オ）　書き送る　　（カ）　書きにくい

（キ）　青空　　　　（ク）　青ざめる　　（ケ）　青白い

接頭語・接尾語

　単語と結びついて、それにある意味をそえたり、調子をつけたり、性質を変えたりすることばがあります。上につくものを**接頭語**、下につくものを**接尾語**といいます（接頭語と接尾語を合わせて**接辞**とよぶことがあります）。

> 【補説】接頭語や接尾語がついてできたことばは、複合語とよばないで、**派生語**といいます。

　これらは、単語以下の単位です。

① 　こ高い　まん中　お金　不しあわせ　ぼくら　春めく　あせばむ

② 　すばやい　たやすい　すっとばす　ぶんなぐる

③ 　楽しみ　うれしさ　学者ぶる　寒がる

自立語・付属語

　単語の中には、それだけで文節を作れるものがあります。これを**自立語**といいます。また、それだけでは文節が作れず、自立語について文節を作るものがあります。これを**付属語**といいます。

　文節には、必ず１つの自立語があり、付属語はないこともあります。

活用

　単語の中には、使い方によって形を規則的に変えるものがあります。たとえば、「読まない」「読みます」「読む人」「読めば」「読もう」のような変化です。このような語尾の変化を**活用**といいます。

Ⅱ 品詞分類表

単語は、次ページのような視点から分類することができます。
（以下は分類表）

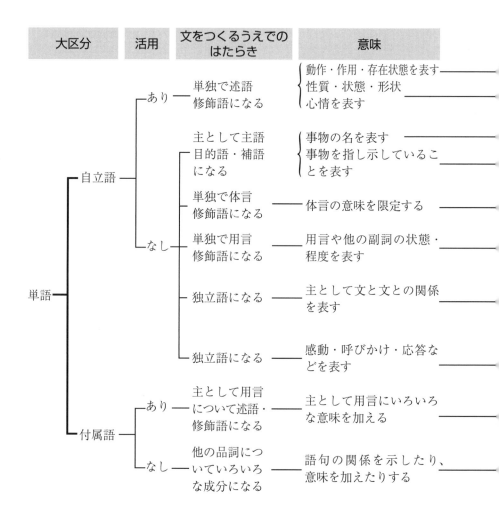

Ⅱ部　語の学習

1　ものごとの名前を示すとか、ものの動きを
示すとかの意味の観点から
2　活用するか、しないかという形の観点から
3　主語になるとか、修飾語になるとかのはた
らきの観点から
　こうして分類した単語のグループを**品詞**とい
います。

【補説】
　3つの観点から、その
性質がよく似ている名
詞・代名詞をまとめて
体言、動詞・形容詞・
形容動詞をまとめて**用
言**とよびます。

品詞	特称	例
動詞 形容詞　（イ形容詞） 形容動詞（ナ形容詞）	用言	走る・ある 高い・悲しい 静かだ・平和だ
名詞 代名詞	体言	木・日本 これ・きみ
連体詞		あらゆる・大きな
副詞		ずっと・しんみり
接続詞		そこで・けれど
感動詞		ああ・はい
助動詞		た・らしい・ようだ・たい
助詞		が・の・に・は・さえ・ね

75

Ⅲ　品詞各論

　これから、それぞれの品詞について、その意味、種類、文の中でのはたらき、形の変化（活用）などについて学習することにします。

1．名詞

　私たちの周りにある事物には、名がついています。この名を示すことばを**名詞**といいます。

名詞の分類

　湯川秀樹、京都、日本海、アマゾン川、富士山、江戸城、千代田小学校などのように、個別のもの・ことの名前を指し示すものを**固有名詞**といいます。また学者、都市、海、山、城、学校、馬、病気、財産などのように、一般的なもの・ことの名前を指し示すものを**普通名詞**といいます。

普通名詞の例

（1）人、社会に関する名詞

　　　母・弟・友だち・なかま・仕事・鉄道・政治・選挙・新聞・権利

　　　批判・話し合い・ことば・戦争・平和・憲法・公害・音楽

（2）原料、道具、機械などに関する名詞

　　　のこぎり・なべ・鉄・石油・テレビ・ラジオ・コピー・ＣＤ・電気

　　　飛行機

（3）動物、植物、自然現象などに関する名詞

　　　馬・犬・貝・金魚・アサガオ・草・木・土・川・山・雨・風・月

（4）とき、ところに関する名詞

　　　去年・今日・明日・来月・正月・内野・正面・目的地・地下

76

送りがなのある名詞　（転成の名詞）

　動詞や形容詞・形容動詞から転成された名詞には、たいてい送りがながついています。

　　喜び・笑い・始まり・泳ぎ・飛びこみ
　　悲しみ・楽しさ・広さ・静かさ

> 【補説】
> 名詞の分類の仕方は、このほかにいろいろあります。また、「千人」「六百円」「三キログラム」「五時間」などを特に**数詞**とよぶことがあります。

名詞の用法

　名詞は、普通、助詞（格助詞）をともなって文の主語や目的語・補語・修飾語になります。また、助動詞「だ」や助詞をともなって述語にもなります。

①「が・の・に・を」などの助詞をともなって、主語・目的語・補語・修飾語を作ります。

　　（ア）主語　　雨が降る。笑いがわきおこる。あさがおが咲く。
　　（イ）目的語　犬が肉を食べる。投手がボールを投げる。
　　（ウ）補語　　先生が黒板に字を書く。花が校庭に咲いている。
　　（エ）修飾語　ぼくの父は先生だ。

②「だ・らしい・ようだ」などの助動詞や「か・よ」などの終助詞をつけて、文の述語を作ります。

　　（ア）あれは飛行機だ。（らしい）（だろう）
　　（イ）きみは子どもか。（さ）（よ）

2．形式名詞

　もとのことばの意味が、ほとんど消え、上に修飾語をともなって、はじめてはたらきを示す名詞を形式名詞といいます。形式名詞には、「こと、もの、とき、ところ、ため、はず、の」などがあります。次の＿＿のついたことばの使い方を比べて、そのちがい考えてみましょう。

77

（ア）こと…<u>事</u>がおこる（事件）。

→兄の言う<u>こと</u>が分からない。

（イ）ところ…<u>所</u>によって雨（場所）。

→笑った<u>ところ</u>を写真にとった。

（ウ）ため…<u>為</u>になる話（利益）。

→走った<u>ため</u>にころんだ。

形式名詞は、上につく修飾語をまとめて名詞化し、名詞と同じはたらきをします。なかでも「の」は、もとの名詞としての意味はありませんが、形式名詞としてよく使用されます。

【補説】
○形式名詞はそれ自身では意味がはっきりしません。上につく修飾語が形式名詞の実体を示します。
○形式名詞は動詞、形容詞、形容動詞などを修飾語にもつことが多く、それを含めて全体が1つの名詞のようになります。

（エ）<u>がまんするの</u>は、いかにもつらい。

（オ）<u>さくらがさくの</u>を待つ。

（カ）ここで<u>いちばん目立つの</u>は、山田君の絵だ。

（エ）・（オ）・（カ）ともに、＿＿の部分が一体となって、主語と目的語の部分を作っています。

3．代名詞

（ア）<u>ぼく</u>がほしいのは　<u>これ</u>だ。

（イ）<u>かれ</u>は　<u>ここ</u>へ来ますか。

「ぼく」「かれ」「これ」「ここ」などのように、人や物事の名前の代わりに、話し手の立場をもとにして、それらを指し示すことばを**代名詞**といいます。

代名詞は、文の中で、名詞と同じような役割をします。

代名詞の種類と使いわけを表にまとめると、次ページのようになります。

種類＼関係		自称 (一人称)	対象 (二人称)	他称			不定称
				近称 (話し手に近い)	中称 (相手に近い)	遠称 (両方から遠い)	
人称代名詞	人をさす	わたし ぼく	あなた きみ	このひと この方	そのひと その方	あのひと あの方 かれ・かの女	どなた どの方 だれ
事物代名詞	事物			これ	それ	あれ	どれ
	場所			ここ	そこ	あそこ	どこ
	方向			こちら こっち	そちら そっち	あちら あっち	あちら どっち

4．動詞

（ア）弟が本を読む。

（イ）鳥が飛ぶ。

（ウ）雨が降る。

（エ）花が咲く。

（オ）母が庭にいる。

（カ）妹が母に甘える。

　このように、人・もの・ことの動作・作用・状態・存在・感情などを表すことばを**動詞**といいます。

（1）動詞の分類

　動詞を意味の上から大きく分けると、次の３つになります。

【補説】動詞は（ときには、助詞や助動詞を伴って）文中でいろいろな成分になります。
①述語になる
・母が弟をしかる。
・太郎はいっしょうけんめい走った。
②修飾語になる
・私は泣く子をなぐさめた。
・泣いたカラスがもう笑う。
・次郎は泣いてあやまった。
③主語になる
・負けるが勝ち。

①動作や行為を表すもの

　書く・作る・笑う・教える・送る・買う・変える・迷う・歩く・当た
る・すわる

②作用や変化・存在・状態を表すもの

　晴れる・咲く・光る・溶ける・いる・ある・似る・劣る

③気持ちや感情を表すもの

　甘える・悩む・信じる・喜ぶ・思う・悲しむ・怒る

（2）動詞の活用

　動詞は文中で述語や修飾語になる時、大部分はそれ単独でなく、後に
助詞や助動詞をともなって使われます。その時、動詞の形が下記のよう
にいろいろと変化します。これを**動詞の活用**といいます。

		書く〈基本形〉	起きる〈基本形〉
（ア）	否定	手紙を書かない	父が起きない
（イ）	ていねい	手紙を書きます	父が起きます
（ウ）	言い切る	手紙を書く	父が起きる
（エ）	体言に続く	手紙を書く時がめったにない	父が起きる時には
（オ）	仮定	君が書けば	父が起きれば
（カ）	命令	君も書け	早く起きろ
（キ）	意志	ぼくも手紙を書こう	ぼくも早く起きよう
（ク）	過去	みんなで手紙を書いた	ぼくは5時に起きた

（3）活用形

　動詞の変化の形は、その種類によってさまざまです。一般的にはこれ
を整理して次の6つの形が考えられています。これを**活用形**といいます。

未然形	書か・書こ	起き（ア）（キ）	連用形	書き・書い	起き（イ）（ク）
終止形	書く	起きる（ウ）	連体形	書く	起きる（エ）
仮定形	書け	起きれ（オ）	命令形	書け	起きろ（カ）

（ア）～（ク）は（2）の例を示す。

80

〈活用形の解説〉

未然形 　内容がまだ実現していないことを表す形。「ない・う・よう・れる・られる・せる・させる」などの助動詞が連なる。（「ない」がつく否定形がほとんどである）

連用形 　用言に続くはたらきをする形。文末にはならない。「ます・た・たい・ながら」などが連なる。

終止形 　文の言い切りに用いられる形。「と・から・けれど」などに連なることがある。

連体形 　体言に続くはたらきをする形。「とき・こと・もの・人」などが連なる。（終止形と同じ形になる。形容動詞では別の形になる）

仮定形 　仮にそういうことがあるならばを表す形。「ば」に連なる。

命令形 　命令の意味や願いを表す形。

【補説】
○「書か」と「書こ」が１つの活用形に入っていること、「書く」が終止形と連体形に分けてあること、これらは文語の活用形に基づいているのです。
書かない→書かぬ
書こう→書かむ
死ぬ→死ぬ
死ぬ時→死ぬる時

○連用形に「書き」と「書い」と２つあるのは、「書きて」が「書いて」と変わって使われることになったからです。

（4）語幹と語尾

　「書く」が活用する場合、「か」は変わらず、「く」の部分だけが変わります。この変わらない部分を**語幹**といい、変わる部分を**語尾**といいます。

> 註　「起きる」の場合は、「おき」が変わらず「る・れ・ろ」がついた形ですが、「お」だけを語幹と考えます。動詞の活用は音韻の上からみれば、母音の変化です。[okiru,okoru,okore,okorou]ですから、本当は語幹は[ok-]ですが、仮名では「お」としか表せないのです。

また、「書く」の場合の語尾変化をローマ字で表すとよく分かります。実際に変化するのは母音で、[kak-]は不変です。これが語幹なのですが、仮名では表せないので「か」を語幹とします。

（5）活用の種類と活用表

動詞の活用の仕方を分類すると、次のようになります。

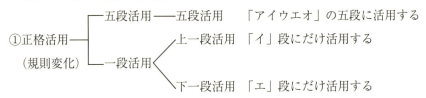

動詞の活用形を表にすると次のようになります。

基本形	語幹	未然形 (ナイ・ヌ・ウ・ヨウ・セル)	連用形 (マス・タ・テ)	終止形 (言い切る)	連体形 (時)	仮定形 (バ)	命令形 命令して 言い切る (ヨ)	活用の種類
書く 話す 死ぬ	書 話 死	か・こ さ・そ な・の	き・い し に・ん	く す ぬ	く す ぬ	け せ ね	け せ ね	カ行五段 サ行五段 ナ行五段
着る 見る 足りる	○ ○ 足	き み り	き み り	きる みる りる	きる みる りる	きれ みれ りれ	きろ・きよ みろ・みよ りろ・りよ	カ行上一段 マ行上一段 ラ行上一段
教える 出る 集める	教 ○ 集	え で め	え で め	える でる める	える でる める	えれ でれ めれ	えろ・えよ でろ・でよ めろ・めよ	ア行下一段 ダ行下一段 マ行下一段
来る	○	こ	き	くる	くる	くれ	こい	カ行変格
する	○	し・さ・せ	し	する	する	すれ	しろ せよ	サ行変格

【補説】

○「書く」の場合の語尾変化をローマ字で調べましょう。

実際に変化するのは母音で、「kak-」は不変です。これが語幹なのですが、仮名では表せないので「か」を語幹とします。

○「ある」は五段活用ですが、「ない」をともなう活用形がありません。

○命令形の「きよ」「みよ」は改まった言い方です。地方によっては、「見い」「見れ」などと言う所もあります。

○「足りる・来る」は、地方によっては、未然形を「足らない・きない」などと言う所があります。

○サ変の動詞は、もともと「する」の一語ですが、これが漢語や外来語について複合動詞を作ると、これもサ変に活用します。

勉強する・上陸する・旅する・パスする・ストップする　など。

○上一、下一、カ変、サ変には可能動詞がありませんが、次のような言い方をする所があります。

着る→着れる　　見る→見れる　　出る→出れる　　くる→これる

（6）音便

五段活用の動詞の連用形が、「て」「た」「たり」に続くとき、次のように音が変わるものがあります。これを**音便**といいます。

「書きて」→「書いて」のように「い」になるもの……**イ音便**

「死にて」→「死んで」のように「ん」になるもの……**撥音便**

「売りて」→「売って」のように「っ」になるもの……**促音便**

（関西などでは「買って」が「買（こ）うて」になります。これを**ウ音便**といいます。）

（7）可能動詞

書く→書ける　　読む→読める　　泳ぐ→泳げる

「できる」という意味を含んでいる動詞を**可能動詞**といいます。五段活用の動詞のあるものについてだけ、それに対する可能動詞があります。可能動詞はすべて下一段に活用し、命令形はありません。

（8）自動詞と他動詞

　　（ア）戸が開く。　　　　　　柿の実が落ちる。

　　（イ）父が戸を開ける。　　　太郎が柿の実を落とす。

　（ア）のように動詞の動作・作用が、他のもの・ことに及ばず、主語に止まる内容を表す動詞を**自動詞**といいます。

　（イ）のように、動詞の動作・作用が他のもの・ことに及ぶ内容を表す動詞を**他動詞**といいます。

　他動詞は必ず「～を」という目的語を必要とします。他動詞と自動詞の対立は、すべての動詞にあるわけではありません。また、対立の仕方も次のようにいろいろです。

自動詞　集まる（五）　　落ちる（上一）　絶える（下一）　残る（ラ五）

他動詞　集める（下一）　落とす（五）　絶やす（五）　　残す（サ五）

註　「開く」「終わる」のように、自動詞、他動詞が同じ形のものがあります。「開く（あく）」「開ける（あける）」のように、自動詞、他動詞を送り仮名で区別します。

5．形容詞（イ形容詞）

<u>赤い</u>きれいな首輪を付けた子ネコが、<u>まるく</u>なって静かにねているのは、<u>かわいい</u>。

　この文の中の「赤い」「まるく」「かわいい」のように、物事の状態・性質・感覚・感情などを表すことばの中で、元の形が「～い」「～しい」で終わるものを**形容詞（イ形容詞）**といいます。

　形容詞は時間的に変化しない常在の様子を基本的に表すのが普通です。

84

Ⅱ部　語の学習

形容詞の分類

　形容詞は、意味によって次のように分けることができます。

①事物の性質・状態を表すもの

　多い・長い・重い・深い・厚い・遠い・丸い・赤い・あまい・暗い・かたい

②感覚や感情など感じを表すもの（やや主観性が強いもの）

　さびしい・おそろしい・美しい・痛い・苦しい

形容詞の活用表

基本形	語幹	未然形	連用形	終止形	連体形	仮定形	命令形
多い	おお	～かろ（う）	～かっ（た） ～く ～く（ない） ～う（ございます）	～い	～い	～けれ（ば）	○
美しい	うつくし						

　註　動詞につく「ない」は動詞の未然形に連なりますが、形容詞につく「ない」は形容詞の連用形に連なります。

形容詞の用法

　形容詞は、単独で述語になれます。また補語や修飾語になれます。

　　（ア）述語　　　もみじが美しい。　　イソップ物語はおもしろい。

　　（イ）補語　　　空が明るくなった。　白い糸が青く染まる。

　　（ウ）連体修飾　白い雲が飛ぶ。　　ガンはおそろしい病気だ。

　　（エ）連用修飾　母がさびしく笑った。犬がけたたましくほえる。

85

６．形容動詞（ナ形容詞）

　赤いきれいな首輪を付けた子ネコが、まるくなって静かにねているの
は、かわいい。

　この文の中の「きれいな」「静かに」は、形容詞と同じように物事の状態・
性質・感じなどを表すことばで、元の形が「だ」で終わることばを**形容
動詞**といいます。体言に連なる時に「〜な」となるので、**ナ形容詞**とよ
ぶこともできます。

形容動詞の分類
　語の性質から見ると、次のように分けられます。
①和語系のもの
　静かだ・ほがらかだ・やわらかだ・すなおだ
②漢語系のもの
　勇敢だ・広大だ・自然だ・複雑だ・強烈だ・健康だ・平和だ

形容動詞の活用表

基本の形	語幹	未然形	連用形	終止形	連体形	仮定形	命令形
静かだ	静か	〜だろ（う）	〜だっ（た）〜で〜に	〜だ	〜な	〜なら（ば）	○
平和だ	平和						

形容動詞の用法
　形容動詞は、単独で述語になれます。また補語や修飾語になれます。
　　（ア）述語　　　町中静かだ。
　　　　　　　　　　太郎はほがらかだ。
　　（イ）補語　　　町は平和になった。

86

作文を<u>簡潔</u>に書きかえる。

（ウ）連体修飾　<u>広大な</u>砂丘がある。

母は<u>にこやかな</u>えみをうかべていた。

（エ）連用修飾　彼は<u>自然</u>にふるまった。

クロは<u>勇敢</u>に敵に飛びかかった。

【補説】漢語系の形容動詞の仲間は語幹が名詞と同形なので注意が必要です。
　（ア）父は<u>健康だ</u>。（形容動詞）
　（イ）第一のねらいは<u>健康だ</u>。（名詞）
形容動詞と「名詞＋だ」を区別するために連体形「〜な」にして意味が通じるかどうかで判断します。（ア）の「父は健康だ。」を「健康な父」としても意味が通じます。（イ）の「第一のねらいは健康だ。」を「健康な第一のねらい」とは言えません。
また、状態を修飾する副詞の「とても」「大変」「非常に」をつけて意味が通じるものは形容動詞と判断できます。

7．補助動詞

（ア）空を<u>みる</u>。

（イ）バナナを一口食べて<u>みる</u>。

（イ）の「みる」は、（ア）の「みる」とはちがって、「見る」という動詞本来の意味を失って、「食べる」という動詞に接続し動作が試しに行なわれるという意味を付け加えて補助の役割を果たしています。こういう動詞を**補助動詞**といいます。

補助動詞には、接続助詞「て」を補って接続するものと、前の動詞の連用形に接続するものとがあります。

【補説】「て」は、ガ・ナ・バ・マ行五段活用動詞に付く時は「で」となります。
・魚が川を泳い<u>で</u>いく。
　（泳ぐ　ガ行）
・たくさんの人が飢えで死ん<u>で</u>いる。（死ぬ　ナ行）
・カラスが飛ん<u>で</u>くる。
　（飛ぶ　バ行）
・ミルクを少し飲ん<u>で</u>みる。
　（飲む　マ行）

87

（1）状態を表すもの

① （て）いる　（て）ある

（ア）赤ちゃんが泣いて<u>いる</u>。

（動作が進行中）

（イ）花びんがわれて<u>いる</u>。

（作用の結果がつづいている）

（ウ）絵がかべにかけて<u>ある</u>。

（動作の結果がつづいている）

② （て）おく

（エ）机の上にリンゴを置いて<u>おく</u>。（状態を持続させる）

③ （て）しまう

（オ）残らずケーキをたべて<u>しまう</u>。（動作が終わりまで行われる）

（カ）京子は泣いて<u>しまう</u>。（事態の結果としての動作・状態）

（キ）漢字を全部書いて<u>しまう</u>。（動作の完了）

④ （て）いく　（て）くる

（ク）父が仕事から帰って<u>くる</u>。（近づく）

（ケ）雨が降って<u>くる</u>。（はじまり）

（コ）犬が逃げて<u>いく</u>。（遠ざかる）

（サ）物価が上がって<u>いく</u>。（進行する）

（2）受益関係を表すもの

○ （て）やる　（て）くれる　（て）もらう

（シ）父親がむすこにカメラを買って<u>やる</u>。

（ス）太郎が私にボールを投げて<u>くれる</u>。

（セ）弟が自転車を買って<u>もらう</u>。

（3）試みを表すもの

○ （て）みる

（ソ）一口だけ飲んで<u>みる</u>。

【補説】

「（て）いる」には、左のほかにも次のようなものがあります。

・ぼくは、毎日3時間勉強をして<u>いる</u>。（習慣的動作）

・ぼくは、前に一度この本を読んで<u>いる</u>。（過去の経験）

【補説】

（シ）（ス）（セ）のていねいな言い方として次のようなものがあります。

「やる」－「あげる」

「くれる」－「くださる」

「もらう」－「いただく」

（4）断定を表すもの

　○（で）ある

　　（タ）兄は大学生で<u>ある</u>。

【補説】
「〜（で）ある」は、「〜だ」や「〜です」と同類の助動詞（肯定）とする考えもあります。

（5）尊敬・謙譲を表すもの

　謙譲（けんじょう）話し手が自分や自分の側の人を低い立場において使う表現

　①尊敬　お〜（に）なる　お〜なさる　お〜くださる

　　（チ）校長先生が<u>お話しになる</u>。

　　（ツ）校長先生が<u>お話しなさる</u>。

　　（テ）会長さんが<u>お話しくださる</u>。

　②謙譲　お〜申します　お〜申し上げる　お〜いたします

　　（ト）私が<u>お話し申します</u>。

　　（ナ）私が<u>お話し申し上げます</u>。

　　（ニ）私が<u>お話しいたします</u>。

８．副詞

　活用がなく、単独で連用修飾になることばを副詞といいます。副詞は、主語・述語・補語になることはできません。

　①様子・状態を表す副詞

　次の副詞は＿＿の部分を修飾し、その様子・状態をくわしくしています。

　　（ア）あかちゃんが<u>にっこり</u>わらう。

　　（イ）私は<u>さっそく</u>返事を書こう。

　　（ウ）父は<u>さっさと</u>仕事をかたづけた。

【補説】
次の＿＿のことばも様子・状態を表す副詞です。

・戸が<u>バタン</u>としまる。
　　擬音語

・<u>ガチャン</u>とかぎをしめる。
　擬音語

・木の葉が<u>ハラハラ</u>と落ちる。
　　　　擬態語

・矢車が<u>くるくる</u>回る。
　　　擬態語

②程度を表す副詞

次の副詞は＿＿の部分を修飾し、その程度をくわしくしています。

（ア）くじらは<u>とても</u><u>大きい</u>。

（イ）きのう、雨が<u>ずいぶん</u><u>ふった</u>。

（ウ）山登りは<u>かなり</u><u>つかれる</u>。

③時を表す副詞

次の副詞は＿＿の部分を修飾し、その時をくわしくしています。

（ア）<u>まもなく</u><u>ドアがしまります</u>。

（イ）寅<ruby>とら</ruby>さんは<u>いつか</u>きっと<u>帰ってくる</u>。

（ウ）<u>とうぶん</u><u>このままで行きましょう</u>。

【補説】

程度を表す副詞は、用言を修飾するばかりでなく、他の副詞や名詞を修飾することがあります。

・<u>たいへん</u><u>はっきりと</u>話す。

・<u>かなり</u><u>ゆっくりと</u>歩く。

・<u>ちょっと</u><u>右に</u>寄りなさい。

・<u>ずっと</u><u>ずっと</u>昔のことだ。

④特別な言い方をともなう副詞（呼応の副詞）

次の副詞が前にくると、それを受ける言い方がいつもきまってきます。述語と呼応するので**陳述の副詞**ともいいます。これらの副詞は後の述語に（　）内のような表現がくることを予告することになります。

（ア）<u>決して</u>約束をわすれて<u>はいけません</u>。　　　　　（禁止）

（イ）母は、<u>たぶん</u>2時ころ帰る<u>でしょう</u>。　　　　　（推量）

（ウ）<u>もし</u>、雨がふっ<u>たら</u>、遠足は延期です。　　　　（仮定）

（エ）<u>どうか</u>、そのボールをかして<u>ください</u>。　　　　（願い）

（オ）グライダーは、<u>まるで</u>鳥の<u>ように</u>飛びました。　（たとえ）

（カ）<u>どうして</u>、君はとびおりたの<u>ですか</u>。　　　　　（質問）

（キ）<u>まさか</u>、そんなことは<u>ないでしょう</u>。　　　　　（打消推量）

9．連体詞

連体詞とは、連体修飾にだけ用いられる活用のない自立語です。ですから、主語や述語にならず連用修飾に用いられることもありません。この性質から連体詞と、連体修飾となる他の品詞と区別することができます。

連体詞には、次のようなものがあります。

(ア)「〜の」の形のもの

この・その・あの・どの・かの

・この道はいつか来た道。

・あの人はだれですか。

(イ)「〜な」の形のもの

小さな・大きな・いろんな・おかしな

・大きな声で歌う。

・いろんな意見が出る。

(ウ)「〜た、〜だ」の形のもの

たいした・たった・とんだ

・とんだ災難だ。

・たいした人気だ。

(エ)「〜る」の形のもの

ある・あらゆる・いわゆる・来たる

・ある日のことでした。

・あらゆる困難とたたかう。

【補説】

○ほかに「わが国」「ほんの５分間」などもあります。

○「すこし右」「ちょうど10日間」などは、連体修飾として用いられますが、「すこし早く歩こう。」「ちょうどいい湯だ。」のように連用修飾にもなるので、「すこし」「ちょうど」などは副詞になります。

10. 感動詞

感動・呼びかけ・うけこたえ・あいさつなど、話し手の気持ちを直接表すことばを**感動詞**といいます。

感動詞は、一語で一文になる性質があります。文中では独立語となります。

（１）あっ、あれ、おや、まあ　　　　　　　（感動）

（２）おうい、もしもし、こら、ねえ　　　　（呼びかけ）

（３）はい、いいえ、うん、なあに、ええ　　（うけこたえ）

（４）おはよう、こんにちは、さようなら　　（あいさつ）

11. 接続詞

雨が降りました。<u>それで</u>、運動会は中止になりました。

この２つの文は、「雨が降りました」が原因となって、「運動会は中止になりました」という結果を「それで」で関係づけています。このように、前のことばや文の内容を受け、後ろのことばや文がどのように展開していくのかを示すことば（自立語）を**接続詞**といいます。

接続詞には次のような用法があります。

（１）文と文をつなぐ接続詞

彼はきちょうめんな性格だ。<u>しかし</u>、その日は忘れ物をした。

（２）単語と単語、文節と文節をつなぐ接続詞

中学生<u>および</u>高校生の入場料は千円です。

（３）段落のかわりめに使う接続詞

子どもたちは動物園でゾウの大きさにおどろきました。のしのし歩く姿にみとれました。

<u>さて</u>、子どもたちが次に見学したのは何だったでしょうか。

接続詞が、前の部分と後ろの部分をどんな関係でつないでいるかを分類すると、だいたい次の６つの関係に分けられます。

①**順接**　前の部分の内容から予想されることが後ろの部分で述べられる。

だから（ですから）・それで・したがって・そこで・すると・そうしたら・それゆえ

・雨が降りました。<u>だから</u>、遠足は中止になりました。

②**逆接**　前の部分の内容から予想されることと異なったことが後ろの部分で述べられる。

でも・けれど（も）・しかし・だが・ところが・ただし

・声の限り叫びました。<u>しかし</u>、誰も助けにきてくれませんでした。

92

Ⅱ部　語の学習

③**対比・選択**　前の部分で述べたことと後ろの部分で述べることとを比べたり選んだりする。

　それとも・あるいは・または

　・みかんにしますか、それともリンゴにしますか。

④**説明・補足**　前の部分で述べたことを後ろの部分で述べることで説明したり補足したりする。

　つまり・すなわち・なぜなら・たとえば・ただし・なお

　・これから歩いて山に登ります。ただし、けがをしている人は車で登ります。

⑤**並列・累加**　前の部分で述べたことに後ろの部分で述べることを並べたり付け加えたりする。

　そのうえ・しかも・そして・それに・また・なお

　・風が吹きだした。そのうえ、雨も激しく降りだした。

⑥**転換**　前の部分で述べたことと話題を変えた内容を後ろの部分で述べる。

　さて・ところで・では・それでは・ときに

　・あなたはお元気そうですね。ところで、妹さんはどうされていますか。

【補説】

〇順接の関係は、「原因と結果」「理由と結論」「根拠と主張」などの関係におきかえられる場合が多いです。

　・2人はひまさえあれば子牛の世話をしてやりました。それで、子牛のほうも2人を覚えて頭をすりよせて喜びました。

　「世話をした」が原因となって、結果として「子牛も2人をよく覚えた」ということが、「それで」によってはっきり示されています。

〇接続詞には他の品詞から転成したものがたくさんあります。ですから、接続詞として使われているか、あるいは、もとの品詞で使われているかは、文脈上で判断するしかありません。

　・頂上に着いた。そこで記念写真をとることにした。（代名詞＋助詞）

　・彼は今日も欠席した。そこで、先生は彼の家に電話した。（接続詞）

93

12. 助動詞

（ア）栗の実がたくさん落ちた。（過去）

（イ）栗の実がたくさん落ちそうだ。（様態）

（ウ）私も山へ行こう。（意志）

「た」や「そうだ」・「う」などのように、用言や体言・他の助動詞についていろいろな意味をそえたり、話し手の考えや感情などを表したりすることばを**助動詞**といいます。助動詞は、それだけでは独立して使うことのできないことば（付属語）ですが、文の意味を決めるうえで大切なはたらきをします。また、助動詞は、いろいろな形に活用します。

助動詞の種類としては次のようなものがあります。

（1）れる・られる（受身・可能・自発・尊敬）

①受身

（ア）太郎が父にだかれる。

（イ）道子が太郎に助けられる。

「れる」「られる」がつくと、その動作は自分がするのでなく、他から受けるものであるということを表します。主語は受ける立場の人であって、する立場の人は補語で表されます。

> 【補説】
> 自動詞の受身には、迷惑の感じを伴う**迷惑の受身**があります。
> ・雨に降られる。
> ・魚に逃げられる。

②可能 （その動作ができるという意味を表します）

（ア）ここから頂上へ行かれる。

（イ）私は朝早く起きられる。

③自発 （自然にそうなるという意味を表します）

（ア）昔のことが思われる。

（イ）母の病気が案じられる。

> 【補説】
> 五段活用動詞の場合は、「行かれる・飛ばれる」というより、「行ける・飛べる」という可能動詞を用いるのが普通です。

④尊敬

（ア）王様がはだかで町を歩かれる。

（イ）院長は往診に出かけられる。

（2）せる・させる（使役）

（ア）先生がみんなに歌を歌わせる。

（イ）父が兄を工場に来させる。

その動作や行動をさせるために命じられたものであるという意味を表します。行動を命じた人が、文の主語になります。

（3）だ・です（断定）

（ア）「笠地蔵」は日本の民話だ。

「笠地蔵」は日本の民話です。

（イ）おじいさんは笠をお地蔵さんにかぶせたのだ。

論理的な妥当性や断定の意味を表します。動詞文や形容詞文などでは、形式体言の「の」に連なった形で用いられます。（この場合「のだ」で一語的です）

また、「だから」「だけれども」「だったら」「だって」「では」「なら」などの形で、接続詞に使われたり、条件帰結の重文を作る接続助詞に使われたりします。

（4）ない・ぬ（打消し）

（ア）太郎はみかんを食べない。

（イ）わしは本など読まぬ（ん）。

「打消し」の意味を「反対」と同じように考える人がいますが、それはちがいます。たとえば、「登る」の反対は「下る」ですが、「登らない」と「下る」はちがいます。「登らない」は「登る」行為をしないだけで、そこらで遊んでいてもいいわけです。登らないから下る

> **【補説】** 敬体と常体
> 「です」「ます」を用いた文体を**敬体**、「だ」「である」の文体を**常体**といいます。敬体はていねいな、あらたまった表現です。（「である」を補助動詞とする説もあります）

> **【補説】**
> ○形容詞の「ない」と助動詞の「ない」
> ・読ま**ない**。起き**ない**。
> 　（助動詞の「ない」）
> ・美しく**ない**。白く**ない**。
> 　（形容詞の「ない」）
> ・本で（は）**ない**。
> 　（形容詞の「ない」）
> 　形容詞や「名詞＋で」につく「ない」は、形容詞の「ない」です。

とはかぎらないのです。登ることを打消しているにすぎません。

「ぬ」は、少し古い言い方です。普通は文末よりも修飾のときに使われます。

　　（ウ）光化学スモッグのおそろしさを知らぬ人はいない。

　また、「ぬ」は特殊な活用をします。

　　（エ）衛兵は身動きもせず、門の前に立っていた。（連用形）

　　（オ）私はなんとしても行かねばならない。（仮定形）

【補説】
・ます　→　ません
　「ん」は、「ぬ」の音便形です。「ていねい」の打消しによく使われます。
○「ない」の特別の使い方に次のようなものがあります。
・あすプールに行かないか。（勧誘）
・その本くれないかなあ。（願望）

（5）た（過去）

　　（ア）きのう、ぼくはすいかを食べた。（過去）

　「た」は、その他にいろいろな使われ方があります。

　　（イ）あした早く起きた人にあげよう。（未来完了）

　　（ウ）こりゃ、おどろいた。（断定的に述べる）

　　（エ）もっとすんだ色も使いなさい。（状態を表す）

　　（オ）さあ、行った行った。（命令）

註　「急ぐ」「遊ぶ」に「た」がつくと、「た」が「だ」と濁ります。
　　急ぐ　→　急いだ　　遊ぶ　→　遊んだ

（6）らしい（推定）

　　（ア）花子はあした出発するらしい。

　　（イ）あの高い山は富士山らしい。

　一定の理由や根拠があって想像するときに使います。

註　春らしい陽気だ。
　これは、「似ている」とか「ふさわしい」という意味を表す接尾語です。

（7）う・よう・だろう（推量・意志）

　　（ア）雨が降ろうとかまわない。

96

（イ）午後には空も晴れよう。

（ウ）あす、父はゴルフにいくだろう。

「らしい」とちがって単純な、推量の表現に使われます。「う」・「よう」は、主語が一人称のときは意志を表します。

（エ）私は母にみやげを買おう。

（オ）ぼくは朝5時に起きよう。

> 註　最近は「う」は、文末で推量に使われず、「だろう」「でしょう」を用いることが多いです。

（8）まい（打消しの推量）

（ア）こんな大雪では父も帰れまい。

こういう場合、最近は普通「ないだろう」を使います。また、主語が一人称のときは打消しの意志を表します。

（イ）私は、もう決して行くまい。

（9）そうだ（伝聞と様態）

（ア）あの山ではマツタケが採れるそうだ。

（伝聞　「採れる」は終止形）

人から聞いた話を、また他の人に伝えるときに使う形です。

（イ）この山は熊が出そうだ。

（様態　「出」は連用形）

様子や状態をみて、想像していることを表します。

（10）ようだ（たとえ、不確かな断定）

（ア）あの山はまるで富士山のようだ。（たとえ）

（イ）マラソン・ランナーが近づいたようだ。（不確かな断定）

（11）たい（希望）

（ア）ぼくは 夏休みには海水浴に行きたい。

自分の希望を述べるときに使います。したがって、主語は話し手自身

【補説】
・伝聞は、用言の終止形に、様態は、動詞の連用形・形容（動）詞の語幹につきます。
・「そうだ」のていねいな言い方として「そうです」があります。「ようです」も同じです。

（一人称）になります。他の人について言うときは、客観化した形をとって「たがる」を使います。

　　（イ）五郎は遊園地に行き<u>たがる</u>。

（12）ます（ていねい）

　　（ア）雨が降ってい<u>ます</u>。

ていねいな、あらたまった気持ちを表します。

【補説】

「たがる」は、話し手の希望を表すこともあります。

・ぼくが知り<u>たがって</u>も教えてくれない。

助動詞の活用を表にすると次の通りです。

基本の形	未然形	連用形	終止形	連体形	仮定形	命令形	活用型	接　続
せる	せ	せ	せる	せる	せれ	せろ（せよ）	下一段活用型	五段とサ変の未然形
させる	させ	させ	させる	させる	させれ	させろ（させよ）		上以外の動詞の未然形
れる	れ	れ	れる	れる	れれ	れろ（れよ）	下一段活用型	五段とサ変の未然形
られる	られ	られ	られる	られる	られれ	られろ（られよ）		上以外の動詞の未然形
たがる	たがら（たがろ）	たがりたがっ	たがる	たがる	たがれ	○	五段活用型	動詞の連用形
ない	なかろ	なかっなく	ない	ない	なけれ	○	形容詞型	動詞の未然形
たい	たかろ	たかったく（とう）	たい	たい	たけれ	○	形容詞型	動詞の連用形
らしい	○	らしかっらしく	らしい	らしい	らしけれ	○	形容詞型	名詞・動詞・形容詞の終止形や形容動詞の語幹
そうだ	そうだろ	そうだっそうでそうに	そうだ	そうな	そうなら	○	形容動詞型	動詞の連用形形容動詞語幹
そうだ	○	そうで	そうだ	○	○	○	形容動詞型	用言の終止形

98

Ⅱ部　語の学習

基本の形	未然形	連用形	終止形	連体形	仮定形	命令形	活用型	接続
だ	○ （だろ）	だっ で	だ	（な）	なら	○	形容動詞型	体言、助詞「の・のに・ので」動詞・形容詞の連体形
ようだ	ようだろ	ようで ようだっ ように	ようだ	ような	ようなら	○	形容動詞型	用言の連体形や形式名詞「の」連体詞
ます	ませ ましょ	まし	ます	ます	ますれ	ませ まし	特別活用型	動詞の連用形
です	でしょ	でし	です	（です）	○	○	特別活用型	体言や助詞「の」形容詞の語幹、動詞・形容詞の連体形
た（だ）	たろ （だろ）	○	た（だ）	た（だ）	たら （だら）	○	特別活用型	用言の連用形
ぬ（ん）	○	ず	ぬ（ん）	ぬ（ん）	ね	○	特別活用型	動詞の未然形
だろう	○	○	だろう	（だろう）	○	○	無活用	体言や用言の終止形
う	○	○	う	（う）	○	○		動詞（五段）、形容詞、形容動詞の未然形
よう	○	○	よう	（よう）	○	○		五段以外の動詞の未然形
まい	○	○	まい	（まい）	○	○		五段の終止形、その他の動詞の未然形

※可能・尊敬・自発には命令形はありません。

99

13. 助詞

（ア）緑の葉が風にそよぐ。（格助詞）

（イ）ぼくだけが500円ほど使った。（副助詞）

（ウ）風が吹くと、木の葉がゆれる。（接続助詞）

（エ）花がきれいだね。（終助詞）

上記の＿のついたことばは、どれも名詞・代名詞・動詞・形容動詞など自立語にくっついて、文節を作っています。このように、付属語で活用がない単語を**助詞**といいます。助詞は語句の関係を示したり、意味を加えたりします。

助詞は、どんな語につき、どんなはたらきをするかによって、次の4つに分けられます。

（1）格助詞　（2）副助詞　（3）接続助詞　（4）終助詞

（1）格助詞

父　　子　　話す
- ①　父が子に話す。（話すのは父）
- ②　父に子が話す。（話すのは子）
- ③　父が子と話す。（話すのは父と子）

上記のように、「父」「子」「話す」の3つの単語を並べただけでは、文になりません。①～③のように名詞に「が」「に」「と」などがついて父と子の役割がはっきりします。この「が」「に」「と」などのように、体言について述語や他の語に対して、どのような関係にあるかを示すのが**格助詞**です。

100

Ⅱ部　語の学習

|が| 主語であることを示す………鳥が飛ぶ。

|の| 体言修飾の中の主語を示す
　　………母の作るごちそうはおいしい。
　　体言修飾であることを示す
　　　所属……………………………学校の門
　　　性質・材料など……………金の指輪
　　　状態……………………………雨の日

|を| 目的語・補語を示す
　　　動作の対象…投手がボールを投げる。
　　　　　　　　　　　　　　　　　（目的語）
　　　通行する所…車が橋をわたる。（補語）

|に| ①補語を示す
　　　動作の相手・目標……………きみに本をあげよう。
　　　到達点・結果…………………姉が先生になる。
　　　存在の場所……………………おじが東京にいる。
　　　比較の基準……………………子が父に似る。
　　　受身における動作の主体……生徒が先生に注意される。
　　　使役における動作の主体……母が姉に皿をふかせる。

|に| ②用言修飾を示す
　　　動作・作用の時………５時に家を出る。
　　　原因・理由…病気のために学校を休む。
　　　並列の文節を作る
　　　　………お茶にお菓子に果物を出す。

【補説】
○「が」は、下記のように目的語について主語を表すことがあります。
・水が飲みたい。
・英語が話せる。
○格助詞は、他の格助詞とつなげて使われることはありません。ただし、「の」だけは例外です。
・父からの手紙
・外国との交流
・母へのおくり物
・旅行先での事故

【補説】
・列車が東京に着いた。
・列車が東京へ向かった。
一般に、「に」は到着を、「へ」は方向を示すといわれていますが、最近は、それほど厳密に使い分けされていません。

| へ | 補語を示す

　方向…………………船が東へ進む。

　対象…………………母へ手紙を書く。

| と | 補語を示す

　結果…………………………………リンカーンが大統領となる。

　思考・感情・発言の内容………ぼくはしまったと思った。

　比較の対象………………………兄は弟と違う。

　用言修飾を示す（同行者）………ぼくは弟と家を出る。

　並列の文節を作る…………………紙と鉛筆を用意しなさい。

| より | 補語（比較の基準）を示す……つばめはすずめより速い。

| から | 補語（比較の基準）を示す

　　起点…車は大阪から東京へ向かう。

　　原料・材料…ビールは麦から作られる。

| で | 補語を示す

　材料…………紙で花を作る。

　用言修飾を示す

　　手段…………ぼうで砂浜に文字を書く。

　　原因…………病気で欠席する。

　　場所や時……川で泳ぐ。　３時で終わる。

【補説】
○助詞の中には「から」のように、同じ形で格助詞になったり、接続助詞になったりするものがあります。
・病気になったから、学校を休む。（接続助詞）
○「から」は用言修飾も示します。
・朝から本を読む。（とき）
・谷川から水をくむ。（ところ）

| 註 | 「で」は、（　）の中に示すように、異なったものです。同形ですから注意しましょう。

・大雪で、列車が不通になった。（格助詞）

・太郎は病気ではないが、会へは出ません。（助動詞）

・次郎は元気で、今日も外で遊んでいる。　（形容動詞の語尾）

| まで | 用言修飾（程度）を示す… 3時から<u>5時まで</u>勉強する。 |
| や | 並列の文節を作る………………<u>柿やなしやりんご</u>は、果物だ。 |

（2）副助詞

（ア）ぼく<u>だけ</u>がそれを知っている。

（イ）春子さんは、今日<u>も</u>欠席です。

（ウ）リンカーン<u>こそ</u>は、ほんとうの英雄だ。

　上記の＿のついたことばの有無で、意味が変わります。このようにいろいろな語について、取り立ててある意味を付け加える助詞を**副助詞**といいます。

【補説】
副助詞は、格助詞と重ねて用いられることもあり、格助詞なしで用いられることもあります。格助詞と重ねて用いられる場合、普通格助詞の前に置かれますが、その前後どちらにもつくものがあります。
・きみ<u>にだけ</u>話しておく。
・きみ<u>だけに</u>話しておく。

は	特に取り立てて言う（主題化）… <u>ガラスは</u>ぼくが割りました。
	二者を対照的に述べる………………… <u>兄は</u>いいが、<u>弟は</u>悪い。
こそ	強調する……………………………………… <u>きみこそ</u>おかしい。
だけ	限定して強調する。…………………………… <u>きみにだけ</u>話そう。
	程度を表す………………… <u>それだけ</u>読めればたいしたものだ。
きり	限定して強調する ……………………… <u>2人きり</u>で話し合おう。
ばかり	限定して強調する………………… 妹は<u>おかずばかり</u>食べる。
	およその程度を表す………………… 紙を<u>5枚ばかり</u>ください。
まで	極端な場合をあげて強調する… <u>きみまで</u>が私に反対するのか。
しか	限定する……………………………………<u>100円しか</u>持っていない。
も	他を暗示する ………………………………… <u>きみも</u>行くのか。
	同類のものとして並べる………………… <u>本もノートも</u>用意する。
	強調する……………………………… 身長が<u>2メートルも</u>ある。
	全体を示す………………………… このことは、<u>だれも</u>知らない。

さえ	他を暗示する……………………… 彼は家族からさえ見放された。
	1つを強調する……………………… これさえあれば安心だ。
	付け加わることを表す…… 雨が降るうえに、風さえ吹き出す。
でも	他を暗示する……………………… これは子どもにでもできる。
	軽い気もちで例示する………………… お茶でも飲もう。
だって	他を暗示する…………………………… ごはんだって炊ける。
ほど	程度を表す……………………… 3千円ほど持っています。
	行動に比例する程度を表す… 読めば読むほどおもしろくなる。
くらい（ぐらい）	程度を表す ………… 親ゆびぐらいの一寸ぼうし。
など	だいたいを例示する………………… うめ、ももなどが咲く。
なり	例示する……………………… 煮るなり焼くなり勝手にしろ。
やら	並列………………… 泣くやらわめくやら、大さわぎ。
	疑問……………………………… どこまで行くやら。
か	疑問 ………………… どこか遠くで、かみなりが鳴る。
	どれかを選ぶ……………………… あれかこれかと迷う。
とか	並列………………… くつとかサンダルとかを売る。
	どれかを選ぶ…………… 行くとか行かないとか、決心しろ。
のみ	限定……………………… 都会にのみ人口が集中する。
ずつ	量的に同一（数量など）……………… あめを3つずつ配る。

（3）接続助詞

（ア）天気がいい<u>ので</u>、空気がさわやかだ。

（イ）天気がいい<u>けれど</u>、風が強い。

　上記のように、重文の前文と後文とをつないで、その関係を示す助詞を、**接続助詞**といいます。

　接続助詞のはたらきは、だいたい、次の3つにまとめられます。

①順接的な関係を示すもの

| から | ので | て | と | なり | － 確定の条件 |

104

・西の空が赤い<u>から</u>、明日は晴れだろう。

・太郎は手紙を読む<u>なり</u>顔色を変えた。

| ば | と | ― 仮定の条件 |

・きみが誘え<u>ば</u>、かれはきっと来るよ。

②逆接的な関係を示すもの

| けれど（も） | のに | が | ながら | ― 確定の条件 |

・ぼくが止めた<u>のに</u>、かれは外出した。

・彼は事の真相を知ってい<u>ながら</u>、話さなかった。

| ても（でも） | ― 仮定の条件 |

・ぼくが止め<u>ても</u>、かれは聞かないだろう。

註 「ても（でも）」は、順接の「て」に「も」がついたものですが、一語として扱います。

③その他

| し | ながら | たり | ― 同時的・並列の関係 |

・寒くもある<u>し</u>、足も痛い。

・花子は歩き<u>ながら</u>、歌をうたった。

| て | と | ― 継続的な関係 |

・私は家に帰っ<u>て</u>（帰る<u>と</u>）、すぐ宿題をすませた。

【補説】「と」や「て」は、いろいろな関係を示します。

・ぼくが説明する<u>と</u>、中村くんは納得してくれた。（確定）

・急いで行く<u>と</u>、バスに乗れるかもしれない。（仮定）

・私は家に帰る<u>と</u>、すぐに寝た。（継続）

・雨が降っ<u>て</u>、道がぬかるんでいる。（確定順接）

・腹がへっ<u>ては</u>、戦さができぬ。（仮定順接）

・だめだと分かってい<u>て</u>、やめられない。（確定逆接）

・だれが何と言おう<u>と</u>、秋子は決心を変えないだろう。（仮定逆接）

（4）終助詞

　文や文節の終わりに付いて、気持ちや態度を表したり、文の種類（疑問文や命令文など）を表したりする助詞を**終助詞**といいます。

　　（ア）泣いたのは、弟なの<u>さ</u>（なんだ<u>よ</u>・なの<u>ね</u>）。…確かめ

　　（イ）これで完全だと思います<u>か</u>（思う<u>の</u>）。…………質問

　　（ウ）かれは、来るだろう<u>か</u>（来るの<u>かな</u>）。………疑問

　　（エ）はたしてこの道でいいのだろう<u>か</u>。　…………反語

　　（オ）ワー、すばらしい<u>な</u>（な<u>あ</u>・<u>よ</u>・<u>わ</u>）。………感嘆

　　（カ）危ないからこっちへ来る<u>な</u>。　………………禁止（命令）

　　（キ）おれは知らん<u>ぞ</u>（知る<u>もんか</u>）。………………強調

　　（ク）太郎<u>や</u>、早くおいで。　……………………………呼びかけ

　＿＿のついているのは、みな終助詞で、それぞれの右横の意味を表します。この他に（かしら・こと・っけ・とも・もの・ぜ……）などもあります。

　終助詞は、例文（オ）・（カ）に見られるように、同じ「な」でも、アクセントを変えることによって、別の意味を表すことができます。

> **【補説】** 終助詞の中には、「あの<u>ね</u>、弟も<u>ね</u>、行くって」「ぼくが<u>さ</u>、教えてやるから、心配するな」の「ね」「さ」のように、文節の終わりなら、どこにでも自由につくものがあります。これを**間投助詞**ともいいます。

106

Ⅳ　複合語

　　（ア）朝・日　名・つける　力・強い　流れる・星　読む・始める
　　（イ）朝日　　名づける　　力強い　　流れ星　　　読み始める
　（イ）のように、単語が２個以上結合してできた単語を**複合語**といいます。複合語は最後のことばによってその品詞が決まります。
　複合語を作る時に、もとの単語の音が濁ったり（連濁）、母音が変わったりすることがあります。

　　青空（ソラ→ゾラ）　若葉（ハ→バ）　風上（カゼ→カザ）
　　木立ち（キ・タチ→コ・ダチ）　雨ぐつ（アメ・クツ→アマ・グツ）

複合語の構成　複合語では、それを構成していることばの意味がそれぞれ生きていて、より複雑な意味を表します。そして、その意味は、もとの単語の結合の仕方と深い関係があります。その結合の関係をもとに分類すると、次のようなものがあります。

１．同じことばが重なったもの（畳語）＝意味を強めたり、複数を表したりする

　　家々　山々　返す返す　泣く泣く　青々　長々　我々

２．２つの単語が対等な関係で結合したもの＝「ＡとＢ」という関係

　①同じような仲間どうし　　　河川　田畑　絵画
　②対の意味をもつもの　　　　親子　山川　紅白
　③反対の意味をもつもの　　　勝ち負け（勝負）　出入り　好ききらい

３．２つの単語が、主語＋述語の関係にあるもの

　①述語が動詞のもの　　　　　日だまり　色づく　雨ふり　心がわり
　②述語が形容詞のもの　　　　力強い　心細い　腹黒い　骨ぶと

４．２つの単語が、補語・目的語＋述語の関係にあるもの

　①ＡをＢする　　　　手がける　身構える　球拾い　魚つり　人助け
　②Ａに（へ・から）Ｂする　波乗り　東京行き　学校帰り

107

5．2つの単語が、修飾する・修飾される関係にあるもの

　　・空もよう　　国ざかい　　山国　　　　　（名詞＋名詞）

　　・青空　　　　高山　　　　黒ふくめん　　（形容詞＋名詞）

　　・手探り　　　日やけ　　　金しばり　　　（名詞＋動詞）

　　・近よる　　　遠のく　　　長生き　　　　（形容詞＋動詞）

6．　同じ品詞が結合して、一方が他方を補うもの

　　・立ち退く　　書き始める　　食べ過ぎる　　（動詞＋動詞）

　　・うす暗い　　青白い　　　　細長い　　　　（形容詞＋形容詞）

　複合語は、もとの単語では表しにくいような意味を表すことができ、文を簡潔にすることができます。

　　・目の前には、うすい青色をしたいくつもの山が連なっている。

　　・目前には、うす青色の山々が連なっている。

【補説】複合語の組み立ての関係は、漢語の組み立て（熟語）にも適用できるものがあります。訓読みにすると意味がとりやすくなります。

①同じような意味の語を重ねる…救助・進行・開拓・出発

②対になるもの…男女・兄弟・姉妹

　　　　　　　　天地・高低・善悪（反対の意味）

③述語＋名詞（逆に読むと主語が省略された文になる）

　動詞が述語＝登山（山に登る）・乗馬（馬に乗る）・下車（車から下りる）

　形容詞が述語＝青空（空が青い。「青い空」と考えると修飾関係になる）

④修飾関係にあるもの…青空（青い空）・強力（強い力）

⑤不無非がある否定の熟語

　不＝不作法（作法に合っていない＝強い否定）…不可能（可能でない）

　無＝無関心（関心が無い＝普通の否定）…無制限（制限がない）

　非＝非常識（常識に非ず＝道理に合わない）…非人道的（人道的でない）

V　コソアドことば

（ア）「そこにある、その厚い本を取ってください。」「これですか。」

（イ）学級会で、3つのことが決まりました。大久保さんが、それを黒板に書きました。

（ウ）「どちらへお出かけですか。」
　　　「あそこの山のふもとまでいきます。」

　（ア）（イ）（ウ）の文のそこ、その、これ、それ、どちら、あそこは、人やものごとを話し手や聞き手との関係で指し示す時に使うことばです。これらは、一覧表にあるように体系化されていて、**コソアドことば**とよばれます。

　コソアドことばは、（ア）（ウ）のように、話し手と聞き手のいる場面で使われたり（イ）のように文や文章（文脈）の中で使われたりすることがあります。

　文脈の中では、単語・語句・文・段落などを指して、文や文章を簡潔にするという利点をもっています。したがって、読む場合には、コソアドが何を指しているかをはっきりとらえること、書く場合には、何を指しているかが、はっきりと読み取れるような使い方が大切です。ただし、「ド」は内容が分かっていない事柄などを指し示す時に使います。

文脈の中での用法

　コ・ソ①前のことがらを指す

　　　　「机をきれいにふきました。これで私の仕事は終わりです。」

　　　　②後のことがらを指す

　　　　「これは、私の祖母から聞いた話です。（話の内容が続く）」

　ア　　相手も知っている文脈外のことを指す

　　　　「私の娘は、あのことですっかりしょげてしまいました。」

コ	ソ	ア	ド	連体形
話し手に近い	聞き手に近い	両方から遠い	どこか不明、不定	
これ	それ	あれ	どれ	代名詞（事物）
ここ	そこ	あそこ	どこ	代名詞（場所）
こちら	そちら	あちら	どちら	代名詞（方角）
こっち	そっち	あっち	どっち	代名詞（方角）
こいつ	そいつ	あいつ	どいつ	代名詞（人・もの）
この	その	あの	どの	連体詞（指定）
こんな	そんな	あんな	どんな	形容動詞の「だ」を除いた部分
こう	そう	ああ	どう	副詞（様子・状態）

Ⅵ　品詞の転成

（ア）深く眠り、快く目覚めた。

（イ）深い眠りから快く目覚めた。

　（ア）と（イ）の「眠り」を比べると、（ア）は「眠る」という動詞の連用形ですが、（イ）は、「から」という格助詞をともなった名詞です。この「眠り」という名詞は、動詞「眠る」から転じてできたものです。このように、ある品詞が他の品詞に変わることを**転成**といいます。

名詞への転成

　動詞から（連用形をそのまま）…光（光る）　話（話す）　包み（包む）

　　　　　　　　　　　　飛び込み（飛び込む）

　形容詞から（語幹に「さ」「み」をつける）…重さ・重み（重い）

　　　　　　　　　　楽しさ・楽しみ（楽しい）　深さ・深み（深い）

　形容詞から（連用形をそのまま）…遠く（遠い）　近く（近い）

　　　　　　　　　　　　多く（多い）

　形容動詞から（語幹に「さ」をつける）…がんこさ（がんこだ）

　　　　　　　　　　利口さ（利口だ）　冷静さ（冷静だ）

110

Ⅱ部　語の学習

動詞への転成

名詞から…おおさわぎする（おおさわぎ）　くもる（くも）

形容詞から…うらやましがる（うらやましい）　悲しむ（悲しい）

　　　　　細る（細い）

形容詞への転成

名詞から…春らしい（春）　四角い（四角）青い（青）

動詞から…喜ばしい（喜ぶ）　疑わしい（疑う）

　　　　　うらやましい（うらやむ）

副詞への転成

名詞から…根っから（根）　心より（心）　ゆめゆめ（夢）

動詞から…いわば（言う）　たとえば（たとえる）　あまり（余る）

形容詞から（語幹を重ねる）…長々（長い）　軽々（軽い）

　　　　　　　　　うすうす（うすい）

接続詞への転成

コソアドことばから…そこで(そこ・代名詞)　そうだから(そう・副詞)

　　　　　　　　　　そのうえ（その・連体詞）

動詞から…および（およぶ）　ならびに（ならぶ）

　　　　　したがって（したがう）

感動詞への転成

今晩は（今晩）　おはよう（早い）よし（よい）

【補説】

○「魚つり」「読み書き」「黒板ふき」などの複合語も転成語と考えられます。

○花が<u>美しく</u>咲く。

　この文の「美しく」は、形容詞の連用形が副詞のように使われたものです。

○ケーキを<u>2つ</u>食べた。　<u>6時</u>、快く目覚めた。

　これらの文の「2つ」「6時」なども名詞の副詞的用法で、転成ではありません。

111

本書を活用される方へ

1．文意識を育てることが大事

　この本は「文」の主部と述部との結びつきをていねいに解説した「構文論」を中心に構成されています。品詞を覚えたり、動詞や形容詞の活用を覚えたりするするための文法書ではありません。助詞や助動詞の意味についても整理してありますが、それらをやみくもに覚えていくことを目的にしていません。文は、あくまでも判断の対象のナニガ（主部）とその内容のドゥ（述部）の結びつきが重要です。

　文には「ナニガ、ドゥスル」「ナニガ、ドンナダ」「ナニガ、ナンダ」の文があり、主部や述部の中の語と語の関係を分かりやすくするための「文分析」を詳しく説明してあります。何について、どう述べるのか？主語や述語をどう規定し詳しくするのかを意識して述べることが大切です。そうした文意識を高めることで、発言内容は明確になります。作文も簡潔で分かりやすい文で構成されるようになります。

　小学校低学年では「文ちゃん人形」で「頭」（主部）「体」（述部）の比喩で文意識をもたせることが有効です。学年が進むにしたがって、「ドンナナニガ」「ドンナニ　ドゥスル」という修飾を学習していきます。

　大まかな指導手順は、次の「2．重点指導題材」に譲ります。発話や作文を書く時に「（イツ　ドコデ）ドンナ　ナニガ、ドンナ　ナニヲ　ドンナ　ナニニ　ドンナニ　ドゥスル」（動詞文）という意識をもって文を作る子どもを目指します。読む活動や聞く活動でも、同じような文意識をもって理解する子どもを目指します。

2.重点指導題材を絞って

　この本は、小学校高学年以上の言語経験と読解力を想定して書きました。したがって、5年生以上の子どもに、読んで理解できる内容になっています。理解しにくい文法用語については、巻末に詳しい索引と簡便な用語解説を付けました。

　小学校や中学校の先生方にとって、この本の最も手軽な利用法として、本書を教材として、例文や説明を使い補説しながら子どもたちと話し合う授業が考えられます。限られた時間数の中で、本書の内容を全部消化することは、きわめて困難です。20分前後の指導や45分かけての指導など、多様に組み合わせて指導に当たると良いでしょう。簡単な指導体系は次ページのようになります。特定の学年を考えての単元構成は加味してありません。したがって、次に掲げる各級の重点配当を参考にして、担任する子どもたちに適した題材に絞って本書をご利用ください。『たのしい文法の授業〜考える力を伸ばす構文指導〜』（低・中・高＝児童言語研究会編・一光社）には授業プリントもあります。こちらも参考にしてください。

　この本は、『たのしい　日本語の文法』（1975年8月10日・一光社）の改訂版です。文分析図を多用し、「変形」という用語を使いませんでした。『楽しい文法の授業〜考える力を伸ばす構文指導〜』の実践を踏まえた児童言語研究会が考える体系的文法指導の内容をまとめたものです。

（初級）1.2.3年生用

	題材名	内　容
1	文で話しましょう	頭と体＝文の３つの形 ①ナニガ、ドウスル ②ナニガ、ドンナダ　③ナニガ、ナンダ
2	名前ことば	具体名詞集め・意味の広さ（上位概念・下位概念）
3	動き・働きのことば	動詞集め
4	様子ことば	形容詞・形容動詞集め
5	くっつきのことば	助詞（は、が、を、へ、に）
6	過ぎたことの文	過去（た）
7	ていねいの文	敬体（です、ます）
8	打ち消しの文	否定（ない・ません）
9	質問の文	疑問詞（か）イントネーション
10	命令の文	命令・ていねいの命令・禁止の命令
11	ためしの文	「～てみる」
12	希望の文	「～たい」
13	組み合わせたことば	紙飛行機・白うま・柱時計・雨傘
14	こそあど	会話や文の中での役割
15	どんなかを決めることば	連体修飾（形容詞・動詞・名詞＋の）
16	どのようにを表すことば	連用修飾（副詞・形容詞の連用形）
17	文（主・述）	連体修飾・連用修飾が一つある文

（中級）３．４．５年生用

	題材名	内　　容
1	３つの文型と 「アル・ナイ」文	主部・述部＝文の３つの形　①ナニガ、ドウスル ②ナニガ、ドンナダ　③ナニガ、ナンダ ④アル・ナイ文
2	予想する文	だろう・らしい・そうだ・ようだ
3	名詞・代名詞	代名詞（人物・非人物）抽象名詞
4	形容詞	形・色・気持ち
5	動詞	動作・存在・状態・働き
6	活用（形の変わることば）	辞書の形（動詞・形容詞・形容動詞）
7	補語・目的語	他動詞文（〜を、〜に）
8	やりもらいの文	てやる・てもらう（あげる・くれる）
9	重文①	並列
10	重文②	順接・逆接
11	可能の文	れる・られる（可能動詞）
12	意思・許容の文	行こう・行っていい
13	強めの助詞（副助詞）	は、も、だけ
14	格助詞	まとめ
15	組み合わせたことば	名詞・形容詞・動詞の組み合わせ
16	連用修飾	様子・状態
17	文の分析①	主部・述部（補語・目的語・述語）
18	文分析②	連体修飾・連用修飾のある文

（上級）５．６年、中学生用

	題材名	内　　容
1	単位文	主部・述部＝３つの形　①ナニガ、ドウスル ②ナニガ、ドンナダ　③ナニガ、ナンダ
2	動作の始め・中・終わり （アスペクト）	～ている（進行）　～はじめる（始動） ～てある（既然）　～ている（存在）
3	受身の文	れる・られる
4	使役の文（させる文）	せる・させる
5	複雑な文末	否定の重なり・推量との重なり
6	強調の助詞	さえ・まで・すら
7	動詞	活用の整理
8	助動詞	働き・形の整理
9	の・ことによる名詞化	形式名詞＝「の名詞」「こと名詞」
10	呼応の副詞	きっと・おそらく
11	語順	強調・意図
12	連体修飾（複文）	「節」による修飾（節＝単位文）
13	補語（複文）	「節」による修飾
14	連用修飾（複文）	「節」による修飾
15	重文①	順接・確定（～ので）順接・仮定（～たら）
16	重文②	逆説・確定（～のに）逆説・仮定（～ても）
17	単語・品詞の分類	自立語・付属語・体言・用語
18	文分析	語順整え・重文・複文・重複文の分析

※時間数を示した数字ではない。多くの時間を継続的にかけなければならないものが多い。

児言研文法用語解説

I 「ことばの単位」に関する用語

【文章】全体としてあるまとまった内容をことばで表現したもの。普通、それ自身で内容が完結し、いくつかの段落からできている。

【段落】文章を内容のまとまりによって、いくつかの部分に区切ったもの。いくつかの文からできている。

【文】話し手や書き手がある対象について判断を言い表す基本的な単位。話しことばの場合は、そのあとに間をとり、書きことばの場合は、終わりに「。」をつける。文は主部(判断の対象)と述部(判断の内容)が結合して作られる。

　・太郎さんがグランドを走っている。
特殊なものとして一語表現もある。

　・「太郎さん。」「はい。」

【文節】文を組み立てる単語と文の中間単位。自立語1つだけ、または自立語に付属語がいくつかついて構成される。普通、「ね」や「さ」などの間投助詞が自然に入るところが文節の切れ目である。

【連文節】2つ以上の文節がつながって文節と同じはたらきをするものを連文節という。

　（橋本文法では「最高次の連文節は文である」ととらえている）

【文の成分】文を組み立てるうえで、主部・述部（目的語・補語・述語）など、ある文法的なはたらきをしている部分。

II 「文の組み立て」に関する用語

1.「文の成分」に関する用語

（1）主要成分

【主要成分】文を組み立てる主要な成分。主部と述部がこれにあたる。

【主部】（ナニガ）文の中で「ナニガ」を示す部分。話し手や書き手が文によってある対象について判断を下すとき、主部はある対象を指し示す。主部と述部が結びついて文を作る。文を人形にたとえると主部は「あたま」にあたる。

【述部】（ドウ）文の中で「ドウ」（ドウスル・ドンナダ・ナンダ）を示す部分。主部について話し手や書き手が判断の内容を述べている部分。文を人形にたとえると述部は「からだ」にあたる。

【主語】主部の中から「ナニガ」を示す部分を一文節で取り出したもの。言い換えれば、主部の中から連体修飾の部分を除いたもの。

　・梅の<u>花が</u>咲いた。

　※主語の中には、並列の2文節以上から成るものもある。

　・甘い<u>リンゴ</u>と柿が冷蔵庫にある。

【述語】述部の中から「ドウ」を示す部分を一文節で取り出したもの。言い換えれば、述部の中から連用修飾の部分や補語・目的語を除いたもの。

　・ヒヨドリが柿の実を<u>食べた</u>。

（2）必要成分

【必要成分】文を組み立てるうえで、述語が必要とする成分。述部を構成して、述語の意味を補うために必要な成分。補語と目的語がこれにあたる。文によって、どちらか一方が必要な文、両方必要な文がある。

〇主要成分　主部（主語）　述部（述語）
〇必要成分　目的語、補語

【目的語】（ナニヲ）動詞のはたらきが及ぶ対象を示す語。

　・私は本を読む。

　目的語を補語の1つとする考え方もあるが、自動詞、他動詞の区別にも必要なので、1つの成分とする（目的語は、普通「…を」のかたちをとる）。

【補語】（ナニニ・ヘ・ト・カラ・ヨリ）ある動詞や形容詞を使うとき、その意味を完備するために必要で、その動詞や形容詞が要求する成分。

　・私は父に似ている。
　・地球は月より大きい。

（3）自由成分

【自由成分】文を組み立てるとき、話し手や書き手が自由に付け加えてよい成分。

【修飾】ある語にかかり、その意味や内容を詳しく述べたり、その意味や内容を限定したりするはたらき。

【連体修飾】（ドンナ修飾）名詞（体言）を修飾するはたらき。

　・黄色い菜の花が咲いている。

【連用修飾】（ドンナニ修飾）動詞・形容詞（イ形容詞）・形容動詞（ナ形容詞）を修飾するはたらき。

　・おじいさんは悲しそうに言いました。

【時所修用】（トキ・トコロ）時や所を指し示し、文全体や動詞・形容詞・形容動詞（用言）を修飾するはたらき。

　・秋に、運動会が開かれた。（時）
　・オリンピックが北京で開催された。
　　　　　　　　　　　　　　　　（所）

（4）その他

【まとめ語】名詞の中で、前にくる語句をひとまとめにして文の成分になる語（形式名詞）。「の、こと、もの、とき、ところ、ため、はず」などがある。

　・私が言いたかったのは、信頼しあうことについてだ。

【つなぎことば】（ツナギ）段落と段落、重文の前文と後文、文と文、語と語をつなぐはたらきをすることば。接続詞、接続表現がある。接続表現の例として「第一に」「初めに」「次に」などの順序表現がある。

　・彼は一生懸命勉強した。しかし、試験の結果は悪かった。」（接続詞）
　・「次に、会長がごあいさつします。」（接続表現）

2．単位文の組合せと文の種類

【単位文】主部と述部が1回結びついてできた文。単位文は1つの判断を表す。単位文1つでできた文を単文とよぶ。単位文が2つ以上組み合わさって、重文や複文を作る。

【単文】主部と述部が1回結びついてできた文。すなわち、単位文1つでできた文。

【重文】（つながり文）単位文が2つ以上つながってできている文。前にくる文を

118

前文、後ろにくる文を後文という。前文と後文のつながり方には、並列・対等の関係、条件・帰結の関係などがある。

（1）並列＝ナラビ重文
　　・リンゴは果物で、ナスは野菜だ。
　　　　　　　　　　　　　　（並列）

（2）条件・帰結の関係の重文
①順接、仮定、確定など
　　・今日は晴れたので、私は花見をした。
　　　　　　　　　　　　　　（順接）

②逆接
　　・春がきたのに、雪が降った。（逆接）

【複文】１つの文の中に単位文が組み込まれて、その文の１つの成分となっている文。複文に組み込まれている単位文を「節」ということもある。
　　・父が植えた梅がたくさん咲いた。

【重複文】重文を構成している単位文の１つまたはそれ以上が複文である文。あるいは、複文に組み込まれている単位文が、１つまたはそれ以上の重文である文。
（以下の下線部分は単位文）
　　・みよ子が待っていた春が来たのに、雪が降った。（逆接の重複文）
　　・ボートは、風が強く波も高い海にこぎだしていった。（並列の重複文）

３．述語の品詞によって分類した 文の種類

【名詞文】（ナンダ文）文の述部が、「ナンダ」という言い方になっている文。述語が名詞である。
　　・日本一高い山は富士山だ。

【動詞文】（ドウスル文）述部が「ドウスル」という言い方になっている文。述語は動詞である。
　　・新幹線が大変速く走る。

【形容詞文】（ドンナダ文）述部が「ドンナダ」という言い方になっている文。述語は形容詞（イ形容詞）・形容動詞（ナ形容詞）である。
　　・ボタンの花が美しい。
　　・ボタンの花はきれいだ。

【存在詞文】（アルナイ文）述部が「アル・イル・ナイ」という言い方になっている文。「アル・イル」は動詞で、「ナイ」は形容詞であるので、動詞文や形容詞文に含める考え方もあるが、存在という特別な意味をもっているので、文の種類の１つとして取り上げる。（存在詞は山田文法の用語）
　　・彼の部屋には家具が１つもない。
　　・牧場には１本の大きな桜の木がある。

４．文ちゃん人形

【文ちゃん人形】文の主部を人形の頭、述部を体になぞらえた人形の図。文の入門指導に使うと便利。（p.16の図を参照）

Ⅲ　語に関する用語

【単語】ある１つの意味を表すことばの最小単位。語ともいう。単語には自立語と付属語がある。

【品詞】単語を性質・はたらき・表す意味などによって分類したもの。普通、動詞、形容詞（イ形容詞）、形容動詞（ナ形容詞）、名詞、連体詞、副詞、接続詞、

119

感動詞、助動詞、助詞の十種類に分類する。大きく自立語と付属語に分ける。そのなかで、さらに活用する単語と活用しない単語に分ける。

【自立語】その一語だけで、または、その語に付属語がついて、文節を作ることができる単語。

【付属語】その一語だけでは文節を作れず、自立語の後について、自立語と一緒になって初めて文節を作ることができる単語。

【活用】語の終わりの一部分が、後にくることばによって、規則的に変化すること。

　　・歩く→歩かない・歩きます・歩く人・
　　　歩けば・歩こう

1．自立語
（1）活用する単語
【用言】自立語で活用があり、その語だけで述語になることができる単語。動詞、形容詞（イ形容詞）、形容動詞（ナ形容詞）がこれにあたる。

【動詞】人・もの・ことの動作・作用・状態・存在・感情などを表す単語。うごきことば。
　　・食べる・考える・ある・喜ぶ
（他動詞）その動詞の動作・作用が他のもの・ことに及ぶ内容を表す動詞。
　　・彼は毎日2時間本を読む。
（自動詞）その動詞の動作・作用が、他のもの・ことに及ばず、自分だけで止まる内容を表す動詞。
　　・春になると北海道でも雪がとける。
【形容詞】（イ形容詞）もの・ことの状態・

性質・感覚・感情などを表す単語。終止形が「…い」「…しい」という形になる。ようすことば。
　　・大きい・細い・つめたい・悲しい
【形容動詞】（ナ形容詞）形容詞と同じはたらきをする単語だが、終止形が、「…だ」「…です」という形になる。
　　（名詞＋だ）と区別するには、「連体形」（ナ）にして意味が通じるかどうかで判断する。
　　・静かだ（静かな夜）・元気だ
　　・なめらかです
【補助動詞】動詞のうち、本来の意味が軽くなり、他の語の下について助動詞のように用いられるもの。主に、助詞の「て」に続く形で使われる。補助動詞は次の意味を加える。

①状態
　i　（て）いる・（て）ある
　ア　太郎が歩いている。
　　　（動作が現在進行中）
　イ　窓が割れている。
　　　（作用の結果が続いている）
　ウ　絵が壁にかけてある。
　　　（動作の結果が続いている）
　ii　（て）おく
　エ　机の上に本を置いておく。
　　　（一時的な処置や準備、または放置）
　iii　（て）しまう
　オ　パンを食べてしまう。
　　　（動作が終わりまで行われる）
　カ　赤ちゃんが泣いてしまう。
　　　（事態の結果としての動作・状態）
　iv　（て）くる・（て）いく

キ　雨が降って<u>くる</u>。（始まり）
ク　父が会社から帰って<u>くる</u>。
　　（近づく）
ケ　物価が上がって<u>いく</u>。（進行する）
コ　どろぼうが逃げて<u>いく</u>。
　　（遠ざかる）
②受益関係〜<u>てやる</u>・<u>てあげる</u>・<u>てもら</u>
　<u>う</u>・<u>てくれる</u>
③試み〜<u>てみる</u>
④尊敬・謙譲
　ⅰ尊敬〜<u>お〜なる</u>・<u>なさる</u>・<u>くださる</u>
　ⅱ謙譲〜<u>お〜申す</u>・<u>申し上げる</u>・<u>いたす</u>

（2）活用しない単語
【体言】単独で主語になりうる単語。名詞がこれにあたる。
【名詞】（なまえことば）あるもの・ことの名前を指し示す単語。自立語で活用がなく単独で主語になりうる。名詞の中に、普通名詞・固有名詞・代名詞・数詞・形式名詞がある。
【普通名詞】一般的なもの・ことの名前を指し示す名詞。その意味にあてはまるすべてのものに共通してつけられた名前を指し示す名詞。
　　山・川・机・星・家・木・草
【固有名詞】個別のもの・ことの名前を指し示す名詞。そのもの・ことだけにつけられた名前を指し示す名詞。
　　富士山・青森県・琵琶湖・山田太郎
【代名詞】人・もの・ことの名前を言う代わりに、それを指し示す名詞。
　　私・彼・ここ・それ・あれ・どれ
【数詞】数や量や順序を表す名詞

【形式名詞】もとのことばの意味がほとんど消え、上の修飾の部分をともなってはじめてはたらきを示す名詞。「の・こと・もの・とき・ところ・ため・はず」などがある。
　・ぼくが言った<u>こと</u>を忘れるな。
　・あわてた<u>ため</u>に失敗した。
【連体詞】活用のない自立語で、連体修飾のはたらきをする単語。「あらゆる・いわゆる・ある・この・どの」などがある。
　・昔、<u>ある</u>ところにおじいさんとおばあさんが住んでいました。
【副詞】活用のない自立語で、主として連用修飾のはたらきをする単語。
　①様子・状態を表すもの
　　すっかり・がやがや
　②性質・程度を表すもの
　　しっとり・かなり・ずっと・たいへん
　③陳述（呼応）
　（述べ方を予告し、特定の言い方をあとの部分に伴うもの〜決して・まさか・多分）
　・私は<u>決して</u>このことを忘れ<u>ない</u>。

【コソアド】物事を指し示すときに使うことば。代名詞「これ・それ・あれ・どれ」、連体詞「この・その・あの・どの」、副詞「こう」などの品詞にまたがる。
【接続詞】前のことばや文の内容を受け、後ろのことばや文が、どのように展開していくのかを示す単語。自立語で活用がない。接続詞には次のような用法がある。

121

つなぐことば・文節・文・段落による分類

①単語と単語、文節と文節をつなぐ接続詞
・小学校および中学校は義務教育です。
②文と文をつなぐ接続詞
・彼は相撲取りです。だから、腕力は強い。
③段落の変わり目に使う接続詞
・さて、これからまとめの話をしましょう。

意味のうえのつなぎ方による分類

①順接を表す接続詞
  だから・それで・したがって・そこで
②逆接を表す接続詞
  でも・けれど（も）・しかし・ところが・だが
③前か後ろのいずれかを選び取る場合の接続詞
  または・あるいは・それとも
④前のことがらについて補説・言い換えをする場合の接続詞
  たとえば・ただし・なぜなら・すなわち・つまり
⑤前の文に後の文をつけ加える場合の接続詞
  そのうえ・しかも・それに・そして・また・なお

【感動詞】叫び（あっ・あれ・おや）、呼びかけ（おうい、ねえ）、あいさつ（おはよう）、受け答え（はい・いいえ）などを表すことば。感動詞はそれだけで一語表現になる。また、文を組み立てるうえでは、独立語になる。

2. 付属語

【助動詞】付属語で活用がある単語。用言や体言、他の助動詞について、いろいろな意味を付け加えたり、話し手の考えや感情などを表したりする。
○断定（だ・です）
○不確かな断定（ようだ）
○過去（た）
○使役（せる・させる）
○推定（らしい）
○伝聞・様態（そうだ）
○丁寧（ます）
○否定（ない・ぬ）
○受身（れる・られる）
○可能（れる・られる）
○尊敬（れる・られる）
○自発（れる・られる）
○推量・意志（う・よう・だろう）
○打ち消しの推量（まい）
○希望（たい）

【助詞】付属語で活用がない単語。他の品詞について語句の関係を示したり、意味を付け加えたりする。

（1）格助詞
体言について、述語や他の語に対して、どんな資格をもっているかを示す助詞
  が・の・を・に・へ・と・より・から・で
・彼がクラスの友人を車で家へ送っていく。

（2）副助詞
いろいろな語について、取り立ててある意味を付け加える助詞
  は・こそ・だけ・きり・ばかり・まで

しか・も・さえ・でも・ほど・くらい
など・やら・か・とか・だって・なり
　・君しか頼る人がいない。
（3）接続助詞
重文の前文と後文とをつないで、その関
係を示す助詞
　①順接的な関係を示す助詞
　ⅰ確定の条件─から・ので・て・と
　ⅱ仮定の条件─ば・と
　②逆接的な関係を示す助詞
　ⅰ確定の条件─けれど（も）・のに・
　　　　　　　　が
　ⅱ仮定の条件─ても（でも）
　ⅲその他
〈同時的・並列の関係を示す助詞〉
　し・ながら・たり
〈継続的な関係を示す助詞〉
　て・と
（4）終助詞
文や文節の終わりについて気持ちや態度
を表したり、文の種類（疑問文・命令文
など）を表したりする助詞
　・もうすぐ店は閉まるよ。

Ⅳ　文末表現に関する用語

【受身】主語が自ら動作・作用を引き起
こすのではなく、他からの動作・作用の
影響を受けること。述語動詞に「れる・
られる」をつけて表す。
　・ねずみがねこに追いかけられる。
【可能】述語動詞に「れる・られる」を
つけて可能の意味を表すこと。
　・私はもう学校に行かれる。

○もともと可能の意味をもった可能動詞
　を述語にする文を用いることがありま
　す。
　・犬は川を泳げる。
【使役】主語が他の人・ものにある動作
をさせること。述語動詞に「せる・させ
る」をつけて表す。
　・キャッチャーがピッチャーに大きく
　　曲がるカーブを投げさせる。
【自利・他利】（やり・もらい）利益を受
けること・利益を与えること。「てもらう」
「てくれる」「てあげる」を付けて表す。
　・母にリボンを買ってもらう。
　・父にチョコレートを買ってあげる。
【アスペクト（はじめ・なか・おわり）】
動詞につけてその動作・作用の「仕方」
を詳しく述べること。
○始動〜書きだす
○進行〜書いている
○完了〜書きおわる
【テンス（時制）】過去、現在、未来のこ
とを述べる言語形式。
（1）過去形
述語の動詞に「た」（助動詞）を付けて
表す
　・昨日、雨が降った。
（2）現在
現在のことや進行中のことを述べる言語
形式。性質や習慣、定義を述べるときに
も使われる。
　・今、雨が降っている。
　・私はいつも朝6時に起きる。
（3）未来
これから起こること、行おうとしている

ことを表す言語形式。一般的には現在形を用いるが、述語の動詞に「だろう」（助動詞）を付けて表すこともある。

・明日、雨が降る（だろう）。

【否定】しない文。「ない」を付けて表す。

【ていねいさ】「ていねいな言い方」は、敬体、常体で分けられる。敬体はていねいな言い方で、「です」「ます」を付けて表す。

【推量・推定】話し手が推し量ること。

・弟は入学試験にきっと合格するだろう。（推量）

・姉はどうも病気らしい。（推定）

※一定の理由や根拠がある場合。

【伝聞】だれかから伝え聞くこと。「そうだ」を付けて表す。

・明日は、雨が降るそうだ。

※「雨が降りそうだ」は、伝聞でなく様態を表す。

【質問・疑問】相手に何かをたずねるときに用いる言い方。通常しりあがりの音調で、終助詞「か」や「の」を用いる。

・明日は学校に行きますか？

・昨日の夜ご飯はカレーだったの？

【命令】話し手が聞き手にある行動を言いつけたり禁止したりすること。

・もっと速く走れ。

・廊下を走るな。（禁止）

索引（50音順）

【あ】 アスペクト（はじめ・
なか・おわり）… 22,123
アルナイ文……… 119
【い】 イ形容詞 …19,84,120
意志 …………………29,96
意志の文…………………29
一人称…………97～98
【う】 う（助動詞）…… 29,96
受身…………34,94,123
受身の文……………34
【え】 遠称 …………………79
【お】 音便 …………………83
【か】 か（副助詞）…… 104
が（格助詞）………101
カ行変格活用… 35,82
格助詞……… 100,122
確信度………………30
確定条件……………53
過去形………… 22,123
活用………73,80,120
活用形………………80
活用の種類…………82
活用表
　形容詞……………85
　形容動詞…………86
　助動詞……… 98,99
　動詞………………82
仮定形………………81
仮定条件……………53
可能………35,94,123
可能動詞……… 36,83
可能の文……………35
上一段活用…… 35,82

から（格助詞）… 102
感動詞……49,69,91,122
間投助詞…… 106,117
【き】 擬音語 ……………89
擬態語………………89
希望の文……………28
義務の文………28～29
疑問文………… 26,124
逆接…………………92
逆接的な関係 105,123
逆接の重文…… 52,119
強調…………………44
　語順変化による強調…44
　ことばの調子による強調…47
　副助詞による強調…46
強調の文……………61
きり(副助詞)………103
禁止… ………………124
禁止文………………27
【く】 句点 ………………12
くらい(ぐらい 副助詞)…104
【け】 形式名詞
　…54～55,77～78,121
継続………………23
継続的な関係…105,123
敬体………………95
形容詞……19,25,84,120
　形容詞の活用……85
　形容詞の分類……85
　形容詞の用法……85
形容詞文………… 119
形容動詞……… 86,120
　形容動詞の活用…86

形容動詞の分類…86
形容動詞の用法…86
現在……………… 123
現在の文……………22
謙譲………36,89,121
【こ】 肯定 …………………20
肯定判断……………21
後文…………………51
呼応…………………43
呼応の副詞…………90
語幹…………………81
試み……… 88,121
語順…………………20
こそ（副助詞）… 103
コソアド…… 109,121
五段活用……………82
語尾…………………81
固有名詞……… 76,121
【さ】 さえ（副助詞）… 104
サ行変格活用………82
させる(助動詞)… 34,95
【し】 使役 ………33,95,123
使役の文……………34
しか（副助詞）… 103
質問 ……………… 124
自動詞………… 84,120
自発の文……………36
下一段活用 …… 35,82
終止形………………81
修飾…………… 37,118
終助詞…… 106,123
自由成分…… 37,118
重複文………56,66,119

125

重文……51〜53,64,118	せる（助動詞）… 34,95	伝聞の文……………31
受益…………88,121	前文………………51	【と】と（格助詞）…… 102
主語……… 77,117	【そ】総主文 …………67	動詞…………… 79,120
主題化………………49	そうだ（助動詞）…31,97	動詞の活用…80〜81
主題化の文………62	尊敬…… 36,89,94,121	動詞の分類………79
述語…… 13〜14,117	尊敬の文…… 26,36	動詞文…………… 119
述部…… 13〜14,20,117	存在詞（アルナイ）文	ドウスル文…17,58,119
主部……… 13〜14,117	… 20,119	読点………………12
主要成分……… 37,117	【た】た（助動詞）………96	とか（副助詞）……104
順序表現………… 118	だ（助動詞）………95	とき（テンス）……22,123
順接………………92	たい（助動詞）… 28,97	時所修用……… 60,118
順接と逆接…… 52,119	体言……… 38,121	独立語……… 91,122
順接の重文…… 52,119	対比 …………47,93	ドンナ修飾… 59,118
条件・帰結の重文	代名詞…… 78〜79,121	ドンナダ文…………59
…51,64,119	だけ（副助詞）… 103	ドンナニ修飾… 60,118
畳語……………… 107	だって（副助詞）… 104	ドンナニ文…………60
常体………………95	他動詞………… 84,120	ドンナ文…………59
状態………… 88,120	ためしの文………32	【な】ない（助動詞）……95
省略の文……47〜48,61	だろう（助動詞）…96〜97	ナ形容詞 19,86,118〜120
助詞…… 100〜106,122	単位文…13,16,58,68,118	など（副助詞）… 104
助動詞…… 94〜99,122	単語………… 72,119	なり（副助詞）… 104
助動詞の活用・接続……98	単文…… 20,58,118	ナンダ文……20,59,119
助動詞の種類………94	断定………………89	【に】に（格助詞）…… 101
自利・他利…… 33,123	段落……………… 117	【ぬ】ぬ（助動詞）……95
自立語………73,92,120	【ち】陳述の副詞 … 90,121	【の】の（格助詞）…… 101
【す】推量・想像 29〜30,124	【つ】つけ加え …………48	のみ（副助詞）… 104
推量・想像の文… 29〜30	つながり文……… 118	【は】は（副助詞）…… 103
数詞…………… 77,121	つなぎことば（ツナギ）	ばかり（副助詞）…103
ずつ（助詞）…… 104	… 68,118	はさみこみ文………68
【せ】節 ……………… 119	【て】で（格助詞）…… 102	派生語…………73
接辞………………73	ていねいの文…25〜26	【ひ】比況 …………30
接続詞… 68,92,118,121	です（助動詞）……95	必要成分……… 37,118
接続助詞…… 104,123	でも（副助詞）… 104	否定……… 20〜21,124
接頭語…………73	転換………………93	否定の推量………31
接尾語…………73	テンス（時制）… 22,123	表現の態度………43
説明………………93	伝聞…… 31〜32,97,124	品詞………76〜106,119

126

品詞の転成……… 110
品詞分類表…………74
【ふ】複合語 ……… 73,107
副詞……… 89〜90,121
副助詞………………
46,63,100,103〜104,122
複文……54〜55,65,119
付属語…… 73,120,122
普通名詞……… 76,121
不定称………………79
プロミネンス… 44,47
文……… 12〜15,117
文章………… 16,117
文節……13,44,57,72,117
文ちゃん人形… 16,119
文の成分……… 72,117
文の分析…………14,57
【へ】へ（格助詞）…… 102
並列………………93
並列の重文…51,64,119
【ほ】補語 ………… 18,118
補助動詞 32〜33,87,120
ほど（副助詞）… 104
【ま】まい（助動詞）…29,97
ます（助動詞）……98
まで（格助詞）… 103
まで（副助詞）… 103
まとめ語………… 118
【み】未然形 …………81
未来………… 22,123
【め】名詞 ………… 76,121
名詞文…………119
命令形 ………27,81
命令文………… 27,124
迷惑の受身 …… 35,94
【も】も（副助詞）…… 103

目的語…… 17〜18,118
【や】や（格助詞）…… 103
やら（副助詞）… 104
やりもらいの文……32
【よ】よう（助動詞）………96
用言………… 38,75,120
ようだ（助動詞）…97
より（格助詞）… 102
【ら】らしい（助動詞）……96
られる（助動詞）
…… 34〜36,94
【れ】れる（助動詞）
……34〜36,94
連体詞…… 90〜91,121
連体形………………81
連体修飾38〜39,54,118
連体修飾の複文……54
連体修飾の文………59
連濁………………… 107
連文節…………… 117
連用形………………81
連用修飾
…… 38,40〜44,55,118
連用修飾の複文……55
連用修飾の文………60
【を】を（格助詞）…… 101

127

【編集委員】

関　可明	元東京都足立区立加平小学校教諭
原嶋邦雄	元東京都荒川区立尾久小学校教諭
福田実枝子	元東京都板橋区立上板橋第二中学校教諭
三宅研太郎	元東京都江戸川区立小岩第一中学校教諭
三輪民子	元埼玉県朝霞市立朝霞第五小学校教諭
森　慎	元埼玉県和光市立第四小学校教諭
山岡寛樹	元千葉県船橋市立高郷小学校教諭

編集●粕谷亮美（SANTA POST）
本文イラスト●鳥取秀子
本文デザイン／ DTP ●シマダチカコ

読めばなっとく 日本語文法

2018 年 6 月 26 日 第 1 刷印刷
2018 年 6 月 26 日 第 1 刷発行

編　者●児童言語研究会
発行者●奥川　隆
発行所●子どもの未来社

　　　　〒 113-0033
　　　　東京都文京区本郷 3-26-1 本郷宮田ビル 4F
　　　　TEL：03-3830-0027　FAX：03-3830-0028
　　　　振替　00150-1-553485
　　　　E-mail：co-mirai@f8.dion.ne.jp
　　　　http://comirai.shop12.makeshop.jp/

印刷・製本●シナノ印刷株式会社

© 2018 Jigenken　Printed in Japan ISBN 978-4-86412-136-1　C0037

＊定価はカバーに表示してあります。落
丁・乱丁の際は送料弊社負担でお取り
替えいたします。
＊本書の全部、または一部の無断での複
写（コピー）・複製・転訳、および磁気
または光記録媒体への入力等を禁じま
す。複写等を希望される場合は、小社
著作権管理部にご連絡ください。